기본으로

(Back to the Basic)

김성천 곽랑주 지음

Back to the Basic!
Go to the Future!

Back to the Basic!
기본으로 ——————

첫 번째 이야기
일터에서
(청춘들에게 드리는 몇 마디…)

저자   **김성천**

BASIC forum '더 本' 회장
스마트씨엠에스 대표
GYBM(글로벌청년사업가양성과정) 교수
한림국제대학원 경영학 석사 (B2B MICE)
연세대학교 경제학과 졸업

곽랑주

BASIC from '더 本' 퍼블리싱 팀장
국제항공운송교육원 원장

일어서 있는 임금의 뒷모습이 보인다.

신하들은 두 줄로 앉아 있으며, 신하들의 책상에 책이 펼쳐져 있다.

용포(임금의 옷)의 재질이 거칠게 보이며, 흰색이다.

그런데 신하들의 옷은 흰색이 아니다.

임금의 오른손 쪽에 두 명의 사관*이 있다.

한 명의 사관은 임금을 우러러보고 있으며,

다른 사관은 임금의 말을 기록하고 있다.

---

* 사관(史官): 역사를 기록하고 그 기록을 관리하여 실록을 쓰는 직책이다

〈영화'역린(2014)'중에서 화면캡쳐〉

이 장면은 1777년 즉 정조[*] 즉위 1년, 지금으로부터 240여 년 전 왕궁의 한 장면을 묘사한 것이다. (영화 속) 임금과 신하들은 '경연'^{**}에서 '**기본**'에 대하여 이야기하고 있다. 그들의 대화 속으로 들어가 보자.

정 조: 실천과 실용으로 이어지는 실제는 경연에 올라오지 않지 않소?

신 하: 우선은 기본입니다. 옛 말씀은 듣고 또 듣고, 깨우치고 또 깨우쳐도 모자랍니다.

정 조: 그 기본 얼마나 알고 있소? 여기 중용 스물세 번째 장을 아는 이는 손을 드시
       오? 단 한 명이라도 책을 보지 않고 그 구절을 말할 수 있다면, 내일 조강부터
       그대들의 경연을 듣겠소.

신 하: ...

정 조: 그대들이 그리 중요시하는 옛 말씀을 그대들은 얼마나 듣고 또 듣고, 깨우치고
       또 깨우쳤는지! 다 외우고 있는 자 손을 드시오아무도 없소?

       상책은 혹시 상책은 아는가?

---

[*] 정조(正祖, 1752.10.28 ~ 1800.8.18): 조선의 제22대 임금이다.
^{**} 경연(經筵): 신하들이 임금에게 유학의 사서(史書)와 경서(經書)를 강의하고 논의하는 학술제도였다.

상 책*: 작은 일도 무시하지 않고 최선을 다해야 한다.

작은 일에도 최선을 다하면 정성스럽게 된다.

정성스럽게 되면 겉에 배어 나오고,

겉에 배어 나오면 겉으로 드러나고,

겉으로 드러나면 이내 밝아지고,

밝아지면 남을 감동 시키고,

남을 감동 시키면 이내 변하게 되고, 변하면 생육 된다.

그러니 오직 세상에서

지극히 정성을 다하는 사람만이

나와 세상을 변하게 할 수 있는 것이다.

이것이 예기 중용 스물세 번째 장이옵니다.

정 조: 문자를 넘어 실제를 논하고, 그 근거와 대안을 논해야 진정한 경연이고 학습이요.

신 하: 어느 실제를 논하실 생각이십니까?

---

* 상책(尙冊): 조선 시대 내시부의 종4품 벼슬이다. 환관으로 임명되어 서책에 관한 일을 맡았다.

정 조: 지금부터 사흘간 경연을 패하겠소. 오늘 이 자리에 참석한 인원은 단 한 명도 빼 놓지 않고 사흘 안으로 서얼허통*과 노비면천**에 관한 실제와 근거를 준비해 오시오.

신 하: 어찌 서얼과 노비를 신성한 국왕의 경연장에 올린단 말씀입니까?

신하일동: 통촉하여 주시옵소서!
　　　　　통촉하여 주시옵소서!

정 조: 그대들의 답은 빈하다.

---

* 서얼허통(庶孼許通): 조선시대 서얼(첩의 자식)들에게 과거에 응시하도록 허락한 제도이다.
** 노비면천(奴婢免賤): 천민이 양인의 신분을 취득하는 것이다.

중용(中庸) 23장

其次(기차)는 致曲(치곡)이니 曲能有誠(곡능유성)이니

誠則形(성즉형)하고

形則著(형즉저)하고

著則明(저즉명)하고

明則動(명즉동)하고

動則變(동즉변)하고

變則化(변즉화)하니

唯天下至誠 (유천하지성)이야 爲能化(위능화)니라.

**임금과 신하 모두가
'기본'을 이야기하고 있다.**

한 쪽은 듣고, 깨우치는 것이 먼저라고 주장한다.
또 한 쪽은 실제와 근거 대안이 중요하다고 말한다.

**이들이 서로 충돌하고 있는
'기본'이란 과연 무엇일까?**

이론일까?
실제일까?

어떻게 해야 우리는 '함께 일하는 세상' 속에서
'기본'을 갖춘 사람이 되는 것일까?

240년 전부터 아니,

그 이전에도 반복되어 온

'기본'에 대해 살펴보자.

그런데

먼저
당신은 **믿을만한** 사람인가?

"신뢰의 속도만큼 빠른 것은 없다. 신뢰만큼 높은 수익을 가져다주는 것은 없다. 신뢰의 광범위한 영향만큼 파급력이 큰 것은 없다......."

"신뢰의 속도" 중에서, 스티븐 코비(Stephen M. R. Covey)

'신뢰'를 얻으려면?

기본으로

첫 번째 이야기
일터에서
(청년들에게 드리는 몇 마디…)

믿을만한 사람들과
살고 싶다?

=

기본이 된
사람들과 살고 싶다!

목차(Index)

기본으로
Back to the Basic!

2-1 관심을 갖는다
2-2 낮은 역할을 찾아간다
2-3 시간을 지킨다

제2장 함께한다

들어가며

청소하는 방법을 설명해 보세요.

제1장 발전한다

1-1 규칙을 지킨다
1-2 배우려는 자세를 유지한다
1-3 능동적으로 움직인다

마치며

3-1 대우받고 싶은 대로, 타인을 대한다
3-2 말조심 한다
3-3 타인을 돕는다

제3장 공감한다

+1
하나를 더 생각한다/행동한다

Basic은
어떻게 알 수 있나요?

: 누구나 **다 아는** 것이 Basic입니다.

그래서 누구나 **다 아는** 답을 드립니다.

BASIC:

기본 (基本)

[명사] 사물이나 현상, 이론, 시설 따위의 기초와 근본

Back to the BASIC:

기본으로 돌아가자!

우리는 기본이 되어 있던 민족이었다.

다시 날아오르기 위해 기본으로 돌아가자!

" 그러면 어떻게 하면 되나요? "

청소하는 방법을 설명해보세요.

얼마 전 취업 관련 강의를 하면서 했던 질문이다. 면접관의 역할을 수행할 때 자주하는 질문이기도 하다. 청소에 관한 이야기를 들어보면 그 사람이 어떤 사람인가를 알아볼 수 있기 때문이다.

미생이라는 드라마의 한 장면을 예로 들어보겠다. 원인터내셔날(이하 원인터)에 입사하기에는 주인공인 장그래는 너무 자격조건이 모자란 사람이었다. 그렇지만 상사인 김대리와의 이야기 장면에서 그는 '기본(Basic)'이 된 행동을 보여준다. 어떤 회사에서 일하기 위한 '기본(Basic)'은 단순히 자격조건 그 자체만을 이야기하지 않는다.

1. 김대리가 던진 담배꽁초를 본다.
2. 담배꽁초를 줍는다.
3. 쓰레기통에 넣는다.
〈tvN 드라마 '미생' 1편 중에서〉

왜 청소를 하는 장그래는 기본이 된 것일까? 질문을 할 수 있을 것이다. 또 아니 뭐 그런 '아무것도 아닌 것'을 가지고 기본을 이야기할 수 있느냐? 라는 의문이 생길 수 있다. 그렇다 '당연'하다. 강의에서도 대화에서도 '기본'은 너무 당연해서 무시되곤 한다. 기본의 특징은 '당연'하다는 것이다.

조금 시각을 달리해 보겠다.

CEO, 또는 장년들은 왜 장그래의 저 행동이 마음에 드는 것일까? 그것은 이러한 생각의 흐름 때문이다.

1. 회사를 사랑하는 마음 (조직과 팀에 대한 '기본'적인 애정)
2. 업무(일/공부)도 잘 청소(=정리)해가며 할 것
3. 우리 모두에게 '이익'이 되겠다. 라는 추정

청소(정리)가 습관이 된 사람의 경우 회사에서 더욱 선호할 수밖에 없다. 기업은 '이익'을 만들어 내는 것을 목표로 하는 집단이다. 그러므로 '회사에 이익'이 되는 행동들이 매우 중요하다. 이제 장그래의 행동을 원인터(회사) 입장에서 해석해 보겠다.

1. 청소하는 인력의 업무를 줄일 수 있다. (이익)
2. 청소되지 않았을 때 저곳을 이용하는 다른 구성원들의 '기분'이 나빠지는 것을 방지하는 효과를 얻을 수 있다. (이익)
3. 깨진 유리창의 이론*으로 쓰레기가 많아지는 나쁜 현상을 막을 수 있다. (이익)

보통 선임이 신입에게 따로 시킬 일이 없을 때 (잠깐이지만) 청소/정리를 시키는 경우가 있다. 또 함께 많이 시키는 일 중 대표적인 것이 복사가 있다. 그렇다면 왜 그런 중요하지 않은 일을 시킬까? 또 그 일의 숨겨진 의미는 무엇일까?

---

* 깨진 유리창 이론:
　깨진 유리창 하나를 방치해 두면, 그 지점을 중심으로 범죄가 확산되기 시작한다는 이론

물론 아무런 이유가 없이 그냥 시간을 보내라! 라는 뜻일 수도 있다. 그러나 대개는 청소/정리를 시키는 이유가 있다. 새로 온 구성원의 경우 다음을 익히라는 의미가 있는 것이다.

일할 환경에 익숙해져라!
- 함께 일할 사람이 쓰는 '도구'를 익혀라
- 청소(복사)를 하며 이곳에서 쓰는 서류 '양식'을 익혀라
- 스스로 머릿속으로 다른 사람들을 '파악'해보라

+

이 사람이 **'작은 일'**을 어떻게 하는가?

대개의 기업은 이제 팀으로 일한다. 그래서 일의 특성상 '주된(main) 역할'이 있고, '부수적인(sub) 역할'이 있게 된다. 그런데 많은 경우, 일이 잘못되어지는 경우는 작은 실수 때문이다.

'작은 일', '중요하게 보이지 않는 일'들이 합쳐져서 기업의 이익이 되는 것이다.

연극과 영화에서 주연만 잘한다고 성공할 수 있는 것이 아닌 것과 마찬가지이다. 수많은 조연이 자신의 작은 역할에 충실할 때, 극은 성공하고 박수를 받을 수 있다. 작은 일을 대충 처리하는 사람이 큰일을 잘 처리할 수 없다는 것은 누구나 알고 있다. 그러나 작은 일을 아무렇지도 않게 자기 일처럼 기꺼이 하는 사람은 많지 않다.

낮은 곳에 임할 용기가 있는 사람이 결국 높은 곳에 앉게 되는 법이다.

청소할 때도 열심히 하는 직원과 우리는 일 하고 싶다. 왜냐하면, 다른 일도 어떻게 할지 당연히 알 수 있기 때문이다. 기본이 된 직원은 업무만 가르치면 된다. 그러나 기본을 가르치는 데는 시간이 너무 오래 걸린다. 시간이 오래 걸린다는 것은 당연히 투자된다는 뜻이다.

돈이 든다 = 기업의 손해

이제 여러분에게 다시 질문하겠다. 당신이 청소하는 방법을 설명해 보라. 어떤 곳이든 상관없다. 무엇을 청소하든 괜찮다. 또 청소, 정리 어느 것도 좋다.
단 다음 네모 박스 안에 실제로 기록해 보라.

머리로 기억하는 것과 말로 하는 것

또

글로 표현하는 것은 다르다.

이것이 이론과 실제의 차이다.

(   )의 청소(정리)하는 방법

이 책은 기본(Basic)을 강조한다.
즉 조금 잊고 있었던 '기본을 다시 신경 쓰자!'라는
취지로 정리된 책이다.

앞의 예를 들었던 '청소'처럼
이유를 설명하고 행동을 하자고 주장한다.

결과는 당신의 선택과 행동에 의해서만
현실로 나타난다.

부디 머리로만 따라오는 것이 아니라
선택하고 행동하길 간절히 바란다.

이론 vs 실제(=실천, 행동)

Back to the BASIC:

>>> 발전한다
>>> 함께한다
>>> 공감한다
+ 하나 더

1-1 규칙을 지킨다
1-2 배우려는 자세를 유지한다
1-3 능동적으로 움직인다

1-1 규칙을 지킨다 (Rule)

몇 가지 자주하는 질문들

왜 규칙을 지키는 것이 기본입니까?

>>> 혼자 살아가는 사회나 세상이 아니다. 정해진 규칙은 여러 가지 이름으로 불린다. (국가에서는 법, 기업에서는 회사의 규칙 즉 사규, 팀에서는 '매뉴얼' 등등) 문서화 되어 있는 것이 대부분이지만 때로는 구전되어 사람들의 마음 속에 있기도 한다. 그래서 종종 문제가 생기기도 한다. 그런데도 그 조직 속에서 일하려면 그 조직 또는 세상의 규칙을 알고 지켜야 한다.

그러면 구체적으로 어떻게 하면 됩니까?

>>> 기업의 경우 업무에 대한 매뉴얼이 있다. 이러한 업무 매뉴얼을 우선 익혀야 한다. 또 없는 경우는 간단하다. (잘하는) 선배(먼저 있었던 구성원)의 행동을 관찰하고 따라 하면 된다. 그 과정에서 스스로 잘하고 있는지 판단해 보고, 선배에게 물어보는 과정을 거치면 거의 해결된다.

부당한 지시도 있는데 무조건 해야 하나요?

>>> '부당한'이라는 의미를 어떻게 알았는지 묻고 싶다. Yes! '부당한' 지시는 거부 하는 게 맞다. 그런데 정말 '부당한' 것인지 먼저 판단해 봐야만 한다. 기준은 매뉴얼(규칙/법)이다.

만약 당신이 어딘가에 속하고 싶으면, 당신은 그들과 같아져야 한다. 드라마 미생으로 들어가 보자. 장그래는 전형적으로 '기본'이 된 행동을 보여주고 있다. 즉 '우리' 팀이 하는 일에 관심을 가지고 서류들을 살피고, 상황판을 살펴본다. 기본이 된 '신입'을 어떻게 미워할 수 있을까! 물론 드라마에서는 '대학'도 나오지 않았고, '영어'도 못하는 그를 '구박(?)'하는 장면도 나온다. 그러나 업무는 배우면 된다. **하지만 배우는 데 시간이 무척 많이 걸리는 일들이 있다. 그것이 바로 기본이다.**

1. 주위의 상황을 살피다가 무언가를 찾아낸다.
2. 사무실에 있는 서류에 '관심'을 가진다.
3. 주위의 상황을 살피다가 무언가를 찾아낸다.
4. 게시판에 있는 자료들을 살펴본다.
〈tvN 드라마 '미생' 1편 중에서〉

"일은 가르칠 수 있다. 하지만 기본이 되지 않은 인재를 기다려 줄 만큼 호락호락한 기업 환경이 아니다. (CEO 김)"

기업에 입사했다면 먼저 '업무 매뉴얼'을 익혀야 한다. 그다음 '기업의 문화'를 파악하라. 그러나 안타깝게도 기업의 문화는 보통 문서화 되어있지 않다. 그러면 어떻게 파악할 수 있을까? 이런 방법을 추천한다.

리더를 파악하라!

공기업은 예외로 할 수도 있지만 모든 기업은 이윤을 추구한다. 그리고 모든 기업은 창업자가 있다. 창업자의 '생각'에서 기업은 태어난다. 그리고 당연히 사람은 개인마다 다르다. 개성이 있다. 즉 창업자의 개성이 바로 그 기업문화의 기본바탕이다. 위의 문장을 보고 그 기업의 문화를 예상해보자!

위의 문장을 읽고 'CEO 김'이 싫어하는 사람은 어떤 사람인지 파악해 보라!

바로 다음 장으로 넘어가지 말고 '생각해보자!'

" 기본이 되지 않은 인재를 기다려 줄 만큼 " 이란?

당연히 기본이 되지 않은 인재를 싫어한다는 것을 알 수 있다. 처음부터 잘하는 사람
이 거의 없다. 기술이나 능력은 좀 모르고 떨어질 수 있다. 하지만 기본이 되지 않으
면 같이 일하는 것이 너무 힘들다. 더하여 '같이' 있는 것이 고통스럽다 말하는 소리
가 들리는 것 같다.

" 일은 가르칠 수 있다. "

일은 가르칠 수 있다는 뜻은 또 무엇일까? 무조건 일은 하나도 몰라도 되는 것일까?
당연히 아니다. 숨은 뜻은 이런 것이다. '배우려는 자세가 있을 경우'에 일은 가르칠
수 있다는 말이다.

당신에게 묻겠다.

기본이 되고 실력도 되는 사람과

기본이 되고 실력이 모자라는 사람 중

어떤 사람을 직원으로 뽑겠는가? 너무 쉽다.

그러나

기본이 안 되고 실력이 되는 사람과

기본이 되고, 실력이 모자라는 사람 중

어떤 사람을 직원으로 뽑겠는가? 조금 어려울 것이다.

CEO 김은 분명 기본이 된 사람을 먼저 뽑을 것이다.

스펙을 높이려는 노력의 1/10만이라도 '기본'을 갖추는데 투자해보라.

당신의 미래가 달라질 것이다.

'CEO 김'이 싫어하는 사람은?

업무능력은 있어도
'기본'이 되지 않은 사람.

6시 퇴근에 대한 '행동' 차이

직원 A : 근무시간이 6시까지이면

6시에 퇴근하는 것이 당연한 것이 아닌가?

야근 수당이 있다면 모를까. 없다면 싫다.

" 퇴근하겠습니다! " 라고 말하며 퇴근!

직원 B : 6시까지 업무를 마치지 못했을 경우는 퇴근할 수 없다.

하지만 제 시간에 업무를 다 했으면, 내일을 위해 퇴근하는 것이 맞는다고

생각한다. 단 퇴근하기 전에 상사에게 도와드릴 일이 있는지,

갑작스러운 회식이 있는지 확인한다. 그리고 이렇게 묻는다.

먼저 퇴근해도 되겠습니까? "

냉정하게
당신에게 묻겠다.
당신이 CEO라면
누구와 일하고 싶은가?

직원 A vs 직원 B

규칙을 지키는 것이

기본이다!

당신이 속한 집단의 규칙들을 아는대로 써보라!

1-2 배우려는 자세를 유지한다.

몇 가지 자주하는 질문들

왜 배우려는 자세를 유지해야 기본이 된 것입니까?

>>> 삶은 멈추어 있는 것이 아니다. 심장이 멈추는 그 순간까지 움직여야 한다. 움직인다는 것은 진화한다는 것이다. 인간의 삶은 결국 진화를 위한 것이다. 배우려는 자세를 갖지 않고서 진화는 없다. 즉 배운다는 것은 그 자체로 '살아있다'는 것의 증명이다. 살아있어야 기본을 이야기할 수 있다.

그러면 구체적으로 어떻게 하면 됩니까?

>>> 24시간 365일 항상 모든 것을 기억하고 배우는 것은 불가능하다. 그렇지만 무엇인가를 배우겠다는 의지를 가지고 있어야 한다. 즉 누군가 당신에게 드리는 '조언'을 좋은 의미로 받아들이려는 마음가짐 말이다. 그러나 조언은 대개 '잔소리'로 들린다. 이 '잔소리 또는 조언'이 내 귀에 들리기 시작한다면, 이때가 바로 '배움'의 스위치를 켜야 할 때이다. 지금 이 순간 스위치를 켜라!

그런데 어른(중장년)들은 별로 남의 말을 듣지 않으려 하는 것 같습니다!

>>> 그렇다, 남의 말을 듣지 않는 사람은 나이만 먹고 '기본'이 없는 것이다. 당신은 걱정하지 않아도 된다. 기본이 되지 않은 사람은 어떤 사람도 그 자리를 오래 지킬 수 없다. 그런 분들은 곧 그 자리에서 떨어진다. 기본이 안 되면 오래 갈 수 없다. 심지어 금수저 대기업의 자손이라도 말이다.

배우려는 자세와 학습민첩성

현대의 조직은 산업의 발전에 따라 4가지로 분류될 수 있다.

1차 산업시대 – 조직 1.0 : 효율성이 최고의 가치 (컨베이어 벨트)

2차 산업시대 – 조직 2.0 : 구조화가 최고의 가치 (전기)

3차 산업시대 – 조직 3.0 : 세계화가 최고의 가치 (인터넷)

4차 산업시대 – 조직 4.0 : 융복합이 최고의 가치 (낮은 AI)

조직은 개인의 생산성과 효율성을 최고로 생각하는 조직 1.0에서부터 위험이나 모험을 통해 끝없이 새로운 시도를 추구하는 조직 4.0으로 변화됐다. 그리고 인간은 필요한 지식과 기능을 익히고 활용하면서 각각의 조직에 적응해 왔다. 이러면 빠르게 배우고 익히려는 자세가 필요한데 이것을 '학습민첩성'이라고 정의하겠다.

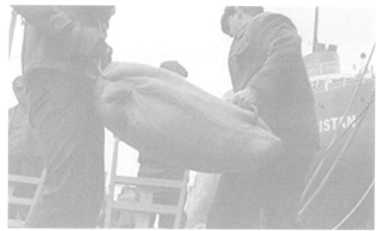

〈영화 신데렐라맨(2005) 화면캡쳐〉

1차 산업시대를 규정하는 기준은 사람이 '물건'을 '직접' 들고 움직이는 것이
다. 즉 화물선에 밀이나 쌀을 옮길 때 1차 산업 이전에는 사람이 밀이나 쌀을
들어서 옮겼다. 그런데 컨베이어 벨트가 발명되면서 수백 수천 명이 할 일을
하루에 끝낸다. 이제 인간은 '효율성' - 같은 시간 안에 많이 만들어 내는 것
에 매력을 느끼기 시작한다. 본격적인 경쟁이 시작된다. 컨베이어 벨트의 운
용법을 배운 소수의 인재는 살아남았다.

1차 산업 조직: '기능'이 있는 인재

〈영화 모던타임즈(1936) 화면캡쳐〉

2차 산업시대에는 1차 산업시대의 대량생산을 기반으로 조직이 거대화된다. 물건이 많이 생산되고 생산되는 대로 팔려나간다. 팔리지 않으면 배에 실어서 다른 나라로 가져가면 된다. 많은 물건이 팔리고, 많은 재료를 구매해야 하므로 '재무'라는 개념이 중요시된다. 당연히 이 시기에 은행업이 본격화되었다. 대량생산 공장을 돌리기 위해 직원은 점점 늘어났다. 필요한 생산인력을 잘 뽑아야 했다. '인사'부서가 강화되었다. 점차 대형 공장이 늘어나자 또 다른 경쟁이 시작되었다. 제한된 시간 동안 어떤 물건을 생산할 것인가에 대해 선택해야 했다. '전략'부서의 탄생이었다. 2차 산업시기는 조직이 체계화되는 시기이다. 즉 구조(시스템)적 사고를 배운 인재가 중용되었다.

2차 산업 조직: '시스템사고'가 있는 인재

3차 산업시기에는 '인터넷'이라는 '불편한' 장난감이 생겨났다. 비싼 컴퓨터를 가진 사람끼리, 전화보다 불편한 방식으로 의사소통하기 시작했다. 그러나 얼마의 시간이 지나지 않아서 이 장난감의 '불편함'이 사라진다. 전화선을 이용하던 이 장난감은 곧 광케이블로 자신의 전용차로를 확보하고 질주하기 시작한다. 사용자가 일정 수준을 넘자마자, '장난감'에서 '돈을 버는 장소'로 변모한다. 매장이 필요 없는 온라인 상거래가 시작된다. 이제 무한정 확대하던 조직은 '가격비교'라는 어려움을 만난다. 비교하고 또 비교할 수 있는 환경이 1차 산업의 '효율성'에서 완벽하게 빠져나와 '효과성'으로 변화하였다.' 가성비'가 무엇보다 중요시되었다. 과거의 결과를 증명하고, 상대를 설득하는 방법을 배운 인재로 조직은 채워졌다.

3차 산업 조직: '설득력'이 있는 인재

〈영화 인 디 에어(2009) 화면캡쳐〉

〈영화 엑스 마키나(2015) 화면캡쳐〉

4차 산업시대는 1차, 2차, 3차 산업시대의 특징을 담고 변화하였다. 생존한 조직은 3차 산업의 글로벌화 2차 산업의 복잡하면서도 구조적으로 안정된 구조로 되어 있으며, 생산 면에서는 1차산업의 효율성을 자랑한다. 거기에 인간의 지능을 따라 하는 '인공지능'이 생겨나고, 가치를 만들어내기 시작하였다. 정보를 더 가지고 있는 것은, 더는 가치가 아닌 시대가 되었다. 퀴즈쇼에서 체스에서 바둑에서 더는 인간은 'AI'를 이기지 못한다. 의학과 법률에서도 마찬가지이다. 직업의 세계가 바뀌고 있다. 이 시기에 생존하려면 조직은 민첩성과 적응력이 높아야 한다. 그래서 위험이나 모험을 감수하면서도 위험관리를 해가면서 계속 시도하는 방법을 배운 인재를 필요로 한다. 이러한 인재를 학습민첩성이 높은 인재라고 한다.

4차 산업 조직: '학습민첩성'이 높은 인재

학습민첩성이 높은 인재는 현재에 정체되는 상태를 거부하고 새로운 접근을 통해서 지속해서 변화하려는 성향을 가진다(De Meuse, Dai,& Swisher, 2012; Eichinger, Lombardo, & Capretta, 2010). 조직은 급변하는 경영 환경에서 조직의 변화를 주도할 수 있는 핵심인재를 검증하고 육성해야 하는 과제를 가지고 있다(Swisher, 2013).

1-3 능동적으로 움직인다

몇 가지 자주하는 질문들

왜 능동적으로 움직이는 것이 기본입니까?

〉〉〉살아 있는 존재인 생명체는 움직인다. 움직인다는 것은 '능동적', 스스로 움직이는 것을 말한다. 그런데 왜 사람은 많은 상황에서 '수동적'이 되는 것일까? 그 이유는 '실수'를 하고 싶지 않기 때문이다. 당신이 어떤 상황에서 수동적이라는 생각이 든다면 그것은 나쁜 것이 아니다. 단지 상황을 파악하기 위해 신중한 것이다. 당신은 조심성 있다. 이것은 장점이다. 단 '완벽주의에 빠지지 않는다!'라는 조건에서만 말이다.

완벽주의자가 어떤 일을 잠시 또는 영원히 뒤로 미루는 이유는 게으름을 실패에 대한 변명으로 삼으려는 것이다. 시도하지 않으면 실패할 일도 없기 때문이다.

(탈 벤 샤하르, 완벽의 추구 중에서 P65)

그러면 구체적으로 어떻게 하면 됩니까?

〉〉〉능동적인 때와 수동적인 때를 선택하라는 뜻이다. 능동적이어야 할 때 누군가 수동적이면 거의 100% 다른 사람들은 머릿속에 부정적인 생각을 가진다. 상황을 잘 파악하여야 한다. 작은 일에서부터 능동적으로 움직여 보고, 다른 구성원의 평가를 기다리는 것이다. 그 평가가 나쁘지 않으면 괜찮은 것이다. 즉 처음에는 어쩔 수 없이 실수하는 행동들이 생겨난다. 그러나 분명히 말하고 싶다.

처음에는 '실수', '실패'처럼 보여도 결국
나중에는 성공으로 이어지게 된다.

'미생'의 한 장면을 예를 들어 보겠다.

유대리: 하대리 미팅 갔어, 회의 중일 거야. 왜? 파업!
안영이: 네 오늘부터 화물연대 총파업이래요. 하대리님께서 내일
　　　까지 옮겨두라고 하셨는데 어떻게 해야 될지.
유대리: 어떡하긴 어떻게 해. 파업이라면서 그냥 올라와. 어휴,
　　　남자라면 트럭 하나 빌려서 싣고 오라고나 하지.
　　　(혼잣말처럼)
안영이: 네?
유대리: 그냥 와! 내가 하대리에겐 얘기할게.

안영이: 공장에 작은 트럭 있죠?
공장장: 네?
한석율: 왜 어쩌려고?
　　　직접 옮기자고? 우리가?

안영이: 2.5톤 트럭에다가, 비료가 400포대니까.
　　　한 세네 번만 왔다 갔다 하면 되겠네요.
공장장: 정말 괜찮겠어요?
안영이: 네 괜찮습니다.
　　　차는 내일 오후에 반납할게요.

하대리: 너 어디야
안영이: 네 대리님
하대리: 집이야?
안영이: 아닙니다. 저 운전 중입니다.

하대리: 일 안 됐다면서, 변수가 생겼는데 보고도 안 하고
　　　　퇴근해! 내가 바로 퇴근하라는 거는 거기서 일이
　　　　오래…….뭐??? 뭐? 너 지금 그게 무슨 말이야?
안영이: 그러니까 걱정하지 마십시오! 어 지금 인천항에
　　　　가서 내려놓고, 한두 번만 더 갔다 오면 됩니다.
　　　　내일까지 일 차질 없이 완료할 수 있습니다.
하대리: 이 XXX야. XX. 너 나 엿 먹이려고 이러는 거야!
　　　　그거 내일까지 안 옮겨도 되니까. 당장 들어와!
　　　　내일 사람 부를 테니까 당장 들어오라고!

하대리: 너 러시아어 잘하지. 러시아 인증기관 쪽 네가
　　　　맡아서 해. 너처럼 악질인 놈은 보다보다
　　　　처음 봤어. 여자라고 힘든 일 빼주고, 봐주고 그러지
　　　　않을 꺼야!

안영이: **네! 열심히 하겠습니다!!!**

〈tvN 드라마 '미생' 10,11 편 중에서〉

'미생'이라는 드라마를 꼭 보기를 강력하게 추천한다. 무엇보다도 기본에 대해서 잘 표현하고 있다. 또 **일을 어떻게 하느냐**와 **회사에서 어떻게 처신해야 하는지** 배울 것이 많은 드라마이다. 이 드라마를 못 본 독자들을 위해서 조금 더 설명하겠다. 상황은 이렇다. 안영이라는 신입사원이 상사인 하대리에게 지시를 받는다.

"

"평택 공장의
비료 200포대를 인천부두로
옮겨 놓으라." **"**

즉 비료가 인천으로 옮겨지는지 확인하라는 지시였다. 그리고 중간에 변수가 생겼다. 화물연대가 파업해서 '평택' 공장의 물류가 멈춘 것이다. 그래서 **바뀐 상황을 보고하고, 다음 지시를 따르려고** 전화를 하였다. 하지만 지시를 했던 하대리는 미팅 중이라 전화를 받을 수 없었고, 대신 다른 상사인 유대리와 통화를 하는 장면이다. 그런데 여기서 짚고 넘어갈 것이 있다. 안영이의 직속 상사는 '하대리'이다. 즉 유대리는 직속 상사가 아닐 뿐만 아니라, 하대리보다 후배이다. 물론 유대리도 상사임은 분명하나 직속 상사는 아니라는 점을 기억해 두자.

"내가 하대리에게 얘기할게."

보통의 경우 복귀하면 된다. 그런데 유대리가 혼잣말처럼 이렇게 이야기한다.

"어휴, 남자라면 트럭 하나 빌려서 싣고 오라고나 하지."

이 이야기에 안영이는 '능동적'으로 반응하기 시작한다.
공장에서 트럭을 빌리고, 비료를 스스로 옮기기 시작한다.
이런 경우, 상사(관리자) 입장에서는 이런 단어가 머릿속에 떠오른다.

> **그 녀석 참
> (행동이) 예쁘다!**

남자 직원, 여자 직원 가리지 않고 떠오르는 문장이다. 일하려고 하고, 움직이는 모습이 좋다는 뜻이다. 이 장면을 보면서 필자도 똑같은 생각을 했다. 그런데 하대리가 화를 낸다. 그 이유는 밤 12시가 넘은 시간까지 운전하고 있는 안영이가 걱정되어 화를 낸 것이다. 조금 쉬라고 시킨 일을 너무 열심히 하는 것이 답답하기도 해서 그런 것이다. 내일 또 일해야 하는데 밤을 새울 기세로 움직이는 것도 조금 문제였을 수 있다.

어떻든 하대리 입장에서는 안영이의 이 행동에서 '일을 주어야겠다. 믿을 만하다.' 라는 생각을 하게 된다.

그리고 얼마 후 안영이는 바라고 바라던 '업무'를 받게 된다.

사실 안영이가 배치된 팀은 전통적으로 남자 위주로 일하는 팀이었다. 그러던 중 여직원인 안영이가 배치되어, 따돌림을 하고 있었던 상황이다. 그래도 능동적이고 묵묵히 잡다한 일(커피 심부름, 도시락 심부름, 담배 심부름, 청소 등=작은 일)을 열심히 하고 있었다. 결국, 원하는 바를 이루었다. (업무를 받는 것)

결국 팀에서 불가능한 일을 해내는 슈퍼신입사원이 된다.

사실 세상의 모든 곳에 얼마간의 텃세가 존재한다. 그렇지만 자신을 낮추고 능동적으로 움직이는 사람을 싫어하는 곳은 없다. 시간이 흐르면 자연스럽게 받아들여지게 된다. 그 받아들여지기까지의 시간을 **적응시간**이라 한다.

혼자 사는 곳이 아니라면,
적응하는 **시간이 필요하다.**
그 시간 동안은 특히 **더 잘 '배워야' 한다.**

제1장 Review

발전한다

1-1 규칙을 지킨다

1-2 배우려는 자세를 유지한다

1-3 능동적으로 움직인다

>>> 행동을 잘 보고 따라 하면 된다.

>>> 잔소리 또는 조언이 들린다면
　　　그때가 바로 '배움'의 스위치를 켜야 할 때이다.

>>> 능동적인 행동은
　　　초기에는 '실수', '실패'처럼 보여도
　　　결국에는 성공으로 이어지게 된다.

당신은 발전을 위해서

오늘 어떤 일을 했습니까?

혼자 하는 일이 아니다.

장그래: 안녕하십니까! 제가 만든…….
오과장: 어 봤어. 양은 증명되더라.

김대리: 장그래씨! 과장님이 주신 폴더트리
　　　　왜 다 무시한 거야?
장그래: 무시한 게 아니고, 그냥 하자니 넣기에
　　　　애매한 파일들이 많아서요.

김대리: 장그래씨 그거 회사 **매뉴얼**이야. 그게 무슨
　　　　뜻인 줄 알아? **모두가 이해했고, 약속했다**
　　　　는 뜻이지. 근데 당신이 저렇게 다 고쳐 놓으면,
　　　　저거 문제 생기면 저거 가지고 당신에게
　　　　문의해야 되나?
장그래:……

김대리: 회사일 혼자 하는 거 아냐. 당신 여기 얼마나
있을지 모르겠는데, 있을 동안에는 명심하라고.
장그래:……

장그래: (혼자 하는 일이 아니다. 대회별, 개인별,
나라별, 포석, 행마, 사활, 끝내기, 초반,
중반, 종반, 시대별, 인물별, 구형, 신형,
나만 보면 되는 세계였다.)

장그래: (여기선 혼자 하는 일이 아니다.)

〈tvN 드라마 '미생' 2 편 중에서〉

장그래가 과장님께 일을 받았던 상황이다. 영업 3팀의 지난 파일들을 정리해 보라는 것이다. 열심히 작업했으나 상사인 김대리에게 핀잔을 듣는 장면이다. 열심히 했는데 혼나니까, 힘도 빠지고, 괴로울 것이다. 사실 오과장이나 김대리 모두 장그래가 제대로 하지 못할 것을 알고 있다. 하지만 '연습'을 위해 실수해 보도록 해야만 한다. 얼핏 생각하면 처음부터 이렇게 저렇게 해라 가르쳐 주지 않았느냐? 하고, 의문이 생길지도 모른다. 사실 이 지시는 **장그래의 업무 스타일이나 일을 받아들이는 방식 또는 지식의 정도 등을 시험(Test)해보기 위한 것**이었다. 그 일이 잘되든 잘 안 되든 상관없는 일을 시켜본 것이다. 신입사원에게 처음부터 중요한 일을 줄 것이라는 생각을 한다면 아마 당신은 지금 구직자 상태일 것이다.

사실 폴더트리를 바꾸는 것이 맞다고 생각할 때, 지시를 내린 사람 또는 자신의 관리자인 상상에 묻는 것이 맞다.

즉 '시킨 일에서 벗어나는 것 같다?' 라고 생각할 때가 질문을 할 시기이다.

여기서 또 중요한 내용이 나온다. 사실 장그래가 분류한 폴더트리가 더 합리적일 수 있다. 하지만

그거 회사 **매뉴얼**이야. 그게 무슨 뜻인 줄 알아?
모두가 **이해**했고, **약속했다는 뜻**이지.

" 매뉴얼 =
이해하고 약속한 것 "

그러므로 업무 매뉴얼을 익히는 것이 함께 일하는 아주 기본적인 행동이다.

그런데 그 매뉴얼을 마음대로 바꾸려 했으니, 신입은 신입이다.

회사일 혼자 하는 거 아냐.

당신 여기 얼마나 있을지 모르겠는데, 있을 때 동안에는 명심하라고.

뒤에 있는 말을 들으면, 심각해지고 더 힘이 빠지겠지만, 다행스럽게

장그래는 앞에 있는 핵심문장에만 집중한다!

천만다행이다!

한 번의 시험에서 낙심하면,

회사 생활이 괴롭기만 하니까 말이다.

함께 손발을 맞추어가는 초기에 이런 식으로 상사에게 혼나는 일은 자주 있는 일이다. 하지만 그것이 비난을 위한 것이 아니라는 전제에서 **'업무'에만 집중하면 조금 덜 힘들다.** 배워야 잘할 수 있고, 함께해야 결과가 나온다. 빠르게 말이다.

상사에게 불려가 지적을 받거나 혼날 때
<u>그 이유는 **'업무'에 있는 것**</u>이지 '개인적으로 싫어해서'가 아니다.
특히 학교 시절에 **단 한 번도 혼나지 않고 기업에 들어오는 사람들이**
가끔 있다. 무척 부럽기도 하고, 또 안타깝기도 하다.
그런데 이런 신입사원들이 **딱 한 번 실수하고 퇴사를 하는 경우가 있다.** 본인에게나, 회사에 또 사회에 아무런 도움이 되지 않는다.
모두의 손해이다. 안타깝다.

<u>**잘 혼나는 방법**</u>은 '업무'에만 집중하면 된다.
지적받는 **'일'에만 집중**해서 명심하면 된다.
그래서 **다시 실수하지 않으면** 되는 것이다.

" 회사일 혼자 하는 거 아냐.

당신 여기 '얼마나 있을지' 모르겠는데,

<u>**있을 동안에는 명심하라고.**</u> "

이렇게만 들리면 같이 일하기 힘들어진다. 일을 지적했는데, 계속 혼난 것에 우울해 있으면 일을 가르쳐주기가 어렵다. 일을 못 배우면, 그 다음은…….

회사 일은 함께 하는 것이다. 사실 거의 모든 일이 그렇다.

당신을 발전시키기 위한

매뉴얼 어디 있을까?

아래에 채워 보자!

- 어떻게 원하는 것을 얻는가(스튜어트 다이아몬드 저)
- 스틱(칩 히스, 댄 히스 저) ......
-
-

> **"**
>
> 1% 노력을 이어가다 보면
> 99%의 운이 날 바라볼
> 확률이 높아지는 것 아닐까?
>
> **"**

　1999년 말, 30세의 나이에 대기업 생활을 접고, 자금력도 없이 무작정 사업에 뛰어들어 오늘까지 지내온 과정을 돌이켜보면 참으로 감사할 것들이 많다. 젊은 열정이면 뭐든지 다 할 수 있다는 단순한 생각을 가지고 오퍼 무역으로부터 시작한 일명 사업 인생은 생각만큼 순탄치 않았다. 무역으로 시작하여 유통, 제조 등 다양한 방법의 사업시도를 하던 사업 초기 시절, 결국 중국에서 진행하던 제법 큰 규모의 합작 프로젝트의 갑작스러운 중단으로 감당하기 힘겨운 나락의 길로 떨어지게 되었다. PC방을 전전하며 새로이 갈 길을 찾지 못해 방황하던 그 시절을 생각하면, 오늘 난 너무 행복에 겨운 사람이다.

힘들었던 기간을 통해 난 한 사람의 힘이라는 것이 얼마나 미약한 것인지 잘 알게 됐다. 내가 내 머리로 계획하는 모든 것들이 허상이고 거짓일 수 있다는 것을 깨달았다. 이때부터 난 줄곧 이런 말을 자주 하곤 한다. "사업의 성공은 99%의 운과 1%의 노력으로 만들어지는 것 같아!" 이 말을 듣는 주변 친구들은 대부분 이런 질문들을 내게 던진다. "99%가 운에 달렸다면 뭣 하러 열심히 일해? 그냥 모든 걸 운에 맡기면 되는 거 아니냐?" "1%는 뭣 하러 남겨둔 거야? 차라리 100% 전부 운에 달렸다고 하면 되는 거 아니냐?"

내 답변은 이렇다. "성공의 99%가 운에 달렸다고 할 만큼 나는 세상이 두렵다네. 난 예전에 망했던 시절로 다시 갈 수도 있다는 생각만 하면 두려워져. 99%의 운이 날 나락으로 떨어뜨리려 하면 내가 아무리 발버둥 쳐도 피할 수 없다는 걸 알거든." "1%의 의미? 성공에 미치는 영향력이 1%밖에 안 될 정도로 한 인간의 존재는 미약하다는 생각을 담은 거지." "동시에 미미한 1%이지만 우린 이 1%의 노력만큼은 끊임없이 계속해야 한다는 의지의 생각을 담았어. 1%의 노력을 계속하는 자만이 사업의 성공을 누려볼 수도 있는 후보자가 될 수 있고, 이를 멈추거나 포기하는 자는 후보자 리스트에서 제명되는 거지."

친구들이 다시 묻는다. "99%가 운이라면 운이 안 따르는 사람은 아무리 노력해도 성공하지 못할 수 있다는 뜻이잖아. 계속 노력했는데도 성공 못 하면 너무 억울한 것 아닌가?"

나는 다시 답한다. "물론 그럴 수 있지. 99%의 운이 절대로 내게 안 오겠다고 버티면 방법이 없는 거니까 그대로 받아들이는 수밖에 없을 거야. 미약한 한 존재가 오지 않겠다는 성공을 억지로 끌어올 수는 없을 테니까." "하지만 중요한 것은 99%의 운은 1%의 노력을 계속하는 사람들 중 누구에겐 가로 찾아간다는 거야.

1% 노력을 이어가다 보면 99%의 운이 날 바라볼 확률이 높아지는 것 아닐까?

1%의 내 노력이 최종적으로 어떤 결과물을 내게 선사할지 나는 알 수 없다. 하지만 한 가지 분명히 알고 있는 것은 내가 과거 15년간 계속해 온 1% 노력이 지금의 내 모습을 만들었다는 사실이다. 그때 보다는 훨씬 더 감사가 많아진 것 같고, 삶도 더 행복해 진 것 같다. 한 가지 재미있는 것은, 내가 얻은 대부분은 내가 처음부터 계획해서 만든 것들이 아니라는 사실이다. 1% 노력을 끊임없이 이어가다 보니, 이를 지켜보시던 분들이 그냥 선물로 내게 주신 것들이 대부분이다.

1%가 99%를 끌어당긴 것 같다.

더불어, 1% 노력을 계속 이어가다 보니, 하나님 또한 내가 기도했던 모든 것들을 다 들어주고 계시는 것 같다. 진화된 글로벌 비즈니스를 하게 해달라는 내 기도를 들어주시기 위해 하나님께서는 날 '사업 희망자 기초양성과정 15년 코스'에 넣으신 것이다. 기도하자마자 바로 답을 주시지 않아 실망도 했었지만, 지금 돌이켜 생각해 보니 하나님께서는 15년 동안 내 기도에 응답해주시기 위한 절차를 차곡차곡 밟아 주고 계셨다. 하루 아침에 들어줄 수 있는 기도가 아니었기 때문이다. 난 1% 했을 뿐인데 99%를 차근차근 채워주고 계시다. 감사할 뿐이다.

⟨99%의 운⟩은 결국 하나님의 계획이라 여기며, ⟨나머지 1%⟩는 그 계획에 쓸모 있어지기 위해 내가 할 수 있는 최선으로 여긴다. 이 둘의 방향이 조화하면 큰 성공이 만들어질 수 있고, 조화하지 못하면 성공은 나를 피해갈 확률이 높다. 내 사업과 인생이 종착역에 이를 때 ⟨99%의 운⟩과 ⟨1%의 노력⟩이 같은 방향으로 잘 어우러져 있기를 기원하면서 오늘도 내가 할 수 있는 일들을 계속하고자 한다.

ROTC 30기 총동기회 BAND 중에서
2015년 2월 6일
김성천

6가지 고착(Stick)성분

1. Simplicity

2. Unexpectedness

3. Concreteness

4. Credibility

5. Emotion

6. Story

다른 사람은 내가 아는 것을 모른다.

칩 히스, 댄 히스 (Stick 스틱! 2007 중에서)

2-1 관심을 갖는다
2-2 낮은 역할을 찾아간다
2-3 시간을 지킨다

2-1 관심을 갖는다

몇 가지 자주하는 질문들

왜 관심을 갖는 것이 기본입니까?

>>> 사람들이 모인 조직의 기본이라고 생각한다. 예를 들어보겠다. 만약 부부가 함께 사는 데 사이가 좋지 않을 때 나타나는 증상은 무엇일까? 그렇다, 무관심이다. 서로에게 무관심한 부부가 좋은 성과를 낼 수 있을까? 뭐 아이들의 육아라든가, 집을 산다든가 하는 목표를 달성하기 힘들다. **서로에게 관심이 없으니 목표를 공유하고 조율할 방법이 없기 때문이다.**

함께 일하려면 **'상대방의 의도'**를 읽어내야 한다.
상관의 의도를 잘 파악하는 부하는 '한 곳'에서 오래 근무한다.

그러면 구체적으로 어떻게 하면 됩니까?

>>> 눈치를 볼 줄 알아야 한다. 당신이 신입사원이라면 당연하고, 또 경력이 많은 직원이라고 해도 상대방의 의도를 파악하려면

최소한의 '눈치'는 있어야 한다.

직장에서 눈치로 어떻게 의도를 파악하는지 '미생'에서 살펴보자.
상대방의 의도를 파악하기 위해서 하는 행동이다. 오랫동안 근무한 사람들은 이런 행동을 아주 자연스럽게 잘한다.

정과장: 하대리야! 이거 메일 뭐냐!
하대리: 아 그거, 카메룬에서 클레임.

정과장: 나도 알거든요. 근데 지난달
　　　　거는 아니냐고. 아이 정말 더럽게
　　　　찌질하게 구네. 정말.

하대리: 담배 한 대 피우시겠습니까?

정과장: 팍! 씨!
하대리: 헤헤.

〈tvN 드라마 '미생' 1편 중에서〉

일단 정과장과 하대리는 이미 신뢰관계가 형성되어 있는 것으로 보인다. 실수를 지적
받는 상황에서 담배를 피우자고 하는 것을 보면, 하대리는 **평소에 일을 잘해서 정과
장의 신임을 얻고 있는 것으로 판단된다.** 그리고 그러한 신뢰를 바탕으로 자신의 실
수를 인정하는 것이다. 물론 몸짓으로는 죄송하다는 표현을 하고 있습니다. 그러면

실제 기업에서 사장(CEO)의 처지에서는 이렇게 상사의 의도에 관심을 갖는 직원에 대하여 어떻게 생각하고 있을까? 또 사장의 의도를 파악하지 못하는 직원을 보면 어떤 마음이 들까?

"업무의 기본은
사장님이 이 일을 왜 시킬까?
라고 생각하는 것에서부터 시작 아닐까요?
업무는 지시자의 의도를 달성하는 것이니까요.
지시의 방법에도 다 이유가 있습니다. 가끔은 상급자가 왜 절차를 무시하고, 내게 개인적으로 따로 업무를 지시하는 걸까요?
무조건 실행하기보다는 이유를 한 번 스스로 생각해 보아야 합니다."

(어떤 CEO와의 인터뷰 중에서)

업무가 지시한 사람의 뜻을 달성하는 것이라면, 그 뜻에 관심을 갖는 것은 당연한 일이 아닐까? 그렇게 자신의 의도를 잘 파악하는 사람과 근무하고 싶은 것이 **모든 사람의 공통된 생각(Basic)**일 것이다.

거의 찾아보기 힘들지만 말하지 않아도 의도를 '상황을 파악'하는 것만으로 알아내는 능력자들도 있다. 이런 능력을 갖춘 사람들은 대개 '임원'이라는 직급이다. 그러면 반대로 상사의 의도를 파악하지 못하는, 도무지 업무나 회사에 관심이 없는 사람은 어떻게 되는 것일까?

"나는 기회를 좀 많이 주는 편입니다.

세 번 정도 가르쳐 보고, 그리고 그 세 번에도 깨닫지 못하면 포기하게 됩니다. 그리고 그 친구를 많이 찾지 않게 되지요. **상급자와의 커뮤니케이션 횟수나 시간이 남들보다 상대적으로 적다면, 나의 업무 소통을 되돌아보아야 합니다.**"

(어떤 CEO와의 인터뷰 중에서)

일반적이면 2번이면 포기하는데 위의 CEO는 기회를 더 주는 것 같다. 즉 기본이 되어 있는지 아닌지 테스트를 하는데, 그 테스트가 일반적으로 두 번 정도이다. 심지어 조금 심한 경우 단 한 번의 실수에 대하여 사직서 쓰라고 말을 하는 대표도 있으니 말이다.

그러면 상사의 의도를 잘 파악하는 직원은 어떻게 될까? 일반적일 때는 승진평가에서 가산점을 받는다. (빠르게 진급하면 급여가 오른다) 어떤 조직의 경우 개별 보너스로 보상한다고 한다. 직원들끼리는 말 안 하니까 모르지만, 개인 각각은 알고 있다. 큰 업무가 끝난 후 누구는 보너스를 받고 누구는 보너스를 받지 못한다는 것. 받는 처지가 된다면 무척 기쁜 일이 아닐까? 긍정적으로 생각하자!

프로파일링: 상대를 파악하는 방법

상대방의 책장(책꽂이)을 볼 수 있다면,

그 사람의 마음을 읽어 낼 수 있다.

그 사람이 읽는 책은 그 사람의 생각이기 때문이다.

먼저 전공이 무엇인지 파악할 수 있다.

자기계발에 대한 정도를 알 수 있고,

(얼마나 발전하고 싶어 하는가.)

좋아하는 분야도 쉽게 알 수 있다.

어떻게 하는 겁니까?

맨 처음 책장을 볼 때

패턴을 먼저 찾아낸다.

>>> 즉 반복되는 단어를 찾으면 된다.

쉽지 않다고? 그렇다. 쉽지는 않다. 그렇지만 조금 더 노력하면 할 수는 있다.

보려 하는 만큼만 볼 수 있는 존재, 그게 인간이기 때문이다. 조금 더 관심을

가져보자!

〈비즈니스 프로파일링기법(2014. 생존연구소 곽건 지음)중에서〉

2-2 낮은 역할을 찾아간다

몇 가지 자주하는 질문들

왜 낮은 역할을 찾아가야 기본이 된 것입니까?

>>> 세상에 어떤 역할이 좋은 역할일까? 질문을 돌려드린다.

많은 결정권이 있는 역할?

많은 권한이 있는 역할?

돈을 많이 받는 역할?

아니다. 좋은 역할이란

자신이 가장 잘할 수 있는 역할이다.

그런데 자신이 잘할 수도 없는 역할을 맡겠다고 나서는 것은

기본을 못 갖춘 것이다.

역사에서 보면 알 수 있다. '왕'을 스스로 칭한 사람들의 최후는 어땠나?

결과는 이미 나와 있다.

그러면 구체적으로 어떻게 하면 됩니까?

>>> 당신 생각보다 낮은 역할을 찾아가라. **남들이 다 하지 않으려는 역할을 선택하라**. 그리고 당신의 정성을 더 하면 된다. 미생에서 장그래는 그런 사람이다. 기본이 된 장그래 같은 사람과 함께 일하고 싶다. 이 글을 읽는 당신이 그렇게 되길 바란다.

미생에서 찾아본 사례이다.

오과장: 젓갈 만들어서 미국에 보냈는데, 거기 냉동 꼴뚜기가
섞여 있으면 이게 오징어젓이야? 꼴뚜기젓이야?
이게 꼴뚜기가 오징어보다 비싸고 싸고의 문제가
아니야. 얼마나 순순한 젓이냐가 중요해.
거기에 꼴뚜기가 섞여 있으면 원인터망신은
꼴뚜기가 다 시키겠지.

오과장: 무슨 일이 있어도 꼴뚜기 찾아내. 어, 분위기 왜
이래. 뭐 시베리아 가서 에어컨 팔아오라는 것도
아닌데. 장백기 공장 측에 연락해 놓을 테니까,
배차받고 진행해.

이상현: 아 헷갈려. **우리가 이런 거 하는 거예요? 본래?**
장백기: 현장에 일손 부족하거나 하면 도와주기도
한데요.
이상현: 그래도 젓갈 공장 이런 현장은 아니죠.
***: 그런데 안영이씨는 여자라고 빼나요?
장백기: 그쪽 팀 팀장님이 안내해 주셨어요.
이상현: 거봐요 이런 일 할 사람은 따로 있다고요.

〈tvN 드라마 '미생' 1 편 중에서〉

" **우리가 이런 거 하는 거예요? 본래** "

이 문장이 오래도록 마음속에 남았다. 성공했다는 마음의 사이를 파고드는 '인정'받고 싶은 심리를 표현한 문장이다. 할 수 있는 말이다, 그러나 그 속에는 치명적인 '차별'이 존재한다. 그러면 중요하지 않고, 잡스러운 일은 따로 할 사람이 있다는 것인가? 4차 산업시대에는 모든 역할을 넘나드는 인재가 필요하다. 그래야 살아남을 수 있으니까. 리더는 스스로 오르는 것이 아니라 구성원이 만들어주는 것이다.

회사에서 이런 일을 할 사람은 바로 당신이다. 당신이 아니면 사장님이 하실 일인가? 가장 하찮게 생각되는 일부터 잘할 수 있기를 바란다. **당신이 낮은 역할을 하는 것이** 바로 **다른 사람을 높이는 일**이다.
세상 모든 사람에게 함께 일하고 싶은 사람으로 손꼽히길 바란다.

〈tvN 드라마 '미생' 1편 중에서〉

기꺼이 젓갈 통에 손을 넣는 장그래처럼 말이다.

그리고 제발 이런 생각은 하지 말았으면 좋겠다.

" 우리가 이런 거 하는 거예요?
  본래 이런 일 할 사람은 따로 있다고요. "

위의 문장의 뜻은 이런 것이다.

'나는 이런 것보다 훨씬 중요한 일을 해야 하는 사람이다.'
'사람마다 등급이 있다.'
'나는 등급이 높다.'

곧 사람을 계급으로 보는 사람이라는 뜻이다. 이해는 된다. 대학 나오고, 해외연수 갔
다 오고, 토익 준비하느라 들어간 돈과 시간은 보상받아야겠다는 심리이다. 미생에서
도 그런 이야기가 나온다. 그렇지만 이러한 사고방식에는 큰 오류가 있다. 상대방 즉
장그래가 얼마나 돈과 시간을 썼는지 확인이 되지 않았다는 것이다. 이야기하지 않는
다고, 아무 일도 없었다고 보면 안 된다. 사실 장그래는 평생을 바둑에 투자하였다.
그래서 다른 스펙을 만들 시간이 없었다.

인간은 누구나 평등하다는 생각에서 출발하기 바란다. 사람은 역할의 차이가 있을 뿐
본질에서 평등하다. 만약 그래도 당신이 사람이 등급이 있다는 생각이 든다면, 아 다
시 생각해보니 100%는 아니다. **본질에서는 평등하나 '기본'이라는 관점에서**
보면 평등하지 않다. 기본이 되지 않은 사람은 '등급'이 낮다고 생각한다.

임원이라 불리는 사람들

스스럼없이 회사에서 쓰레기를 줍고, 흐트러진 스테이플러를 바로 돌려 놓는 사람을 우리는 **'임원'이라 부른다**. 상무님이 전무님이 왜 그러냐고? 회사를 사랑하는 사람이니까 기꺼이 그럴 수 있다. 회사를 사랑하는 사람이니까 그 직위까지 올라간 것이다. **높은 곳에 오르고 싶으면, 기꺼이 낮은 역할을 할 수 있어야 한다.**

임원은 모두 땅을 보고 있을 때,
하늘을 바라보는 사람이라고 하지…….
굳게 바닥에 발을 붙이고 하늘을 바라보는 사람.

좋은 이야기이다.

"굳게 바닥에 발을 붙이고"
=
낮은 역할을 다 겪어온

그리고 또 기꺼이
그 일을 할 수 있는 사람이라는 뜻이다.
그래서 기업에서는 임원을
'별'이라고 칭한다.

〈영화 '인턴(2015)' 화면캡쳐〉

사장님이 어리다. 그리고 인턴은 시니어 인턴으로 채용되었다. 정년퇴직한 후 여행을 하고 연금으로 살면서도 수십 년 했었던 **일이 그리워서 지원했다.** 그리고 **이 인턴은 스스로 '임원'처럼 일한다.** 능동적으로 일을 찾아서 하고, **사장(CEO)의 의도를 읽고 행동**한다. 위의 장면은 그 내용이다.

사장님은 사무실의 빈자리 하나에 쓸데없는 잡동사니가 쌓여가는 것이 불만이다. 그런데 모두 바빠 아무도 하지 않던 정리를 인턴인 벤이 해낸다. 그리고 사장님은 이것이 이번 주에 일어난 '최고의 일'이라고 칭찬한다.

이런 일은 '영화'에나 있는 일 아니냐? 고 그래서 실제의 사례를 찾아봤다. 세상은 문 밖에 있다(도서출판 올림)의 저자 이장우 박사님이다. 그는 **본인 자신**이 '가장 확실한 **투자처**'라고 말한다. 그래서 스스럼없이 **무급으로 인턴을 지원**하시기도 한다.

"페이스북을 열었더니 우연히 인간관계 애플리에이션(이하 앱) '그레이프' 광고가 떴어요. 흥미롭더라고요. 그래서 댓글을 남긴 것이 인연이 돼 그 회사의 인턴으로 일하게 됐죠."

SNS에서 일어난 영화 같은 일이다. 이장우 박사는 새로운 도전에 나서며 자기만의 원칙을 세웠다. 돈을 받지 않는 재능 기부, 스타트업 회사, 아직 수익이 많이 나지 않은 회사를 선택하겠다는 것이다.

〈재능 기부형 인턴, 브랜드 마케팅업계의 대부 이장우 박사 기사 중에서〉
https://www.heydaynews.com/17447

2-3 시간을 지킨다

몇 가지 자주하는 질문들

왜 시간을 지키는 것이 기본입니까?

〉〉〉 누군가와 함께 일을 하기 위해서는 몇 가지 사전에 약속하여야 할 것이 필요하다. 그중에서 가장 처음에 하는 약속이 '시간'이다. 각자 해야 할 일이 있고, 같이 해야 할 일이 있다. 그래서 함께해야 할 일의 '시간'을 맞추어야 한다.

물론 약속 장소에 늦게 나갈 수 있다. 대중교통을 이용한다고 해도, 버스의 경우 교통에 따라 시간이 달라질 수 있고, 비교적 규칙적인 지하철도 가끔 '사고'로 인해 늦는 예도 있다. 자가용을 이용하면 더욱 시간을 맞추기 힘들 수도 있다. 이런 경우 사전에 양해를 구해야 한다.

하지만 **미팅 약속에 늦는 순간 상대방**은 **'시간 낭비'**를 하기 시작한다. 상대방의 몸값은 얼마인가? 연봉, 월급, 주급 등 시간으로 따지지 않나? 시간이 늦으면 그만큼 상대방에게 금전적 피해를 준 것이다.

그러면 구체적으로 어떻게 하면 됩니까?

〉〉〉 제시간에 도착하려 하는 것은 이미 늦을 수 있는 계획을 짜는 것이다. 정각(Just Time)은 늦은 것(Late Time)이다. **제시간보다 일찍 도착하려 계획하기를 바란다.**

시계를 맞추지 않은 댓가 - 생명

세계 제1차 세계대전의 전장 갈리폴리는 우리에게 교훈을 주고 있다. 그런데 그 교훈의 값이 503,000명의 목숨이라면 비싸도 너무 비싸다. 그 원인이 된 것은 **'시계'**이다.

이 사건이 있었던 이후, 군에서는 시계에 대한 필요성이 대두하여 정확도를 갖춘 '손목시계'가 지휘관의 필수품이 되었다. 어쩌면 우리 손목에 채워진 시계 역시, 기나긴 전쟁역사의 흉터가 아닐까.

갈리폴리 전투는 1915년 4월 25일부터 1916년 1월 9일까지 오스만 제국, 다르다넬스 해협 겔리볼루 반도에서 영국, 프랑스, 제3공화국과 오스만 제국, 독일 제국, 오스트리아-헝가리 제국 간에 벌어진 세계 대전의 한 전투였다. 호주와 뉴질랜드는 영국 연방군으로 전투에 참가했다.

한쪽이 승리를 거둘 수 있는 '시작'이 잘못되자, 전투는 고착되고 양쪽 진영의 수많은 젊은 병사들이 죽어갔다. 시체는 쌓이고 쌓여, 50만이 넘었다. 전투의 승자는 가려졌으나, 부하를 수도 없이 희생시킨 양쪽 지휘관들에게는 패배만이 남았다. 실화를 바탕으로 한 영화 '갈리폴리(1981)'에서는 그 장면을 이렇게 재현하고 있다.

대 령: 오늘 밤 2만5천의 영국군이 수블라 만에 도착할 거야.

우린 영국군이 해안에 도착할 수 있도록 터키군을 유인하는 거지.

소 령: 하지만 넥은 요새이고, 기관총*만도 다섯인 곳입니다.

---

* **기관총:** 1차 대전 당시에는 기관총이 최신의 무기였다.

대 령: 그 점도 고려해 봤네. 그러니까 우리는 가장 강력한 엄호 작전으로 최후까지 밀어붙여야지. 터키군은 우릴 영원히 안자크에 고립시킬지도 몰라. 영국군의 상륙이 우리의 유일한 희망이야. 성공을 위해서 할 수 있는 일을 해야지.

성공하면 한 주 안에 콘스탄티노플을 점령하게 되고, 터키는 전쟁을 포기하게 될 테니까. 모두 준비됐나?

참 모: 총은 모두 위치에 두었습니다. 04:30분 정각에 포격을 실시합니다. 그러니까 **지금부터 대략** 12시간 후입니다.

〈영화 '갈리폴리'(1981) 화면캡쳐 - 소령과 참모의 시계〉

우리는 장면을 통해 알고 있지만, 당시에는 서로 몰랐다. **참모와 소령이 시계가 서로 8분 차이 난다는 것을 몰랐고,** 5분의 엄호 포격이 끝난 후에도 '소령'은 돌격하지 않았다. 소령 입장에서는 8분 일찍 포격이 시작되었으니까. 그래서 돌격을 주저하고, 참모나 대령은 왜 돌격하지 않느냐고 다그치고, 그래서 **결국 기관총 앞에 젊은이들이 죽어간다.** 기나긴 소모전의 시작이었다. **단 8분이 다른 시계** 때문에 말이다.

〈영화 '갈리폴리'(1981) 화면캡쳐 - 죽어가는 병사들〉

인류의 **비극은 작은 선택에서부터 '시작'** 되곤 하였다. 그 작은 선택이 잘못되었다는 것을 깨닫고 바로잡으려 할 때, 인류는 얼마나 많은 대가를 치렀는가? 인류의 역사에 단 '8분 차이'가 만든 희생치고는 너무나 큰 희생이었다.

목표를 정하고 이를 달성하기 위해 노력할 때 가치라는 것이 생겨난다. 가치는 노력

하게 만드는 길잡이 로 시간관리에서 굉장히 중요한 역할을 했다.

쉬셴장(하버드 첫 강의 시간관리 수업 2018. P68)

빠른 출근의 장점

장백기: 가장 먼저 출근을 했다.

장백기: 아무도 없는 사무실에 들어서는 것이 정말 기분
　　　좋았다. 내가 문을 연다는 느낌이 들었기 때문이다.

장백기: 어릴 적 동네 문방구 아저씨는 문을 열면 언제나
　　　수도를 틀어 가게 앞을 청소했다. 나는 쾌청한
　　　느낌의 그 골목길이 너무 좋았고, 그 길을 통과
　　　하는 것으로 하루를 시작했다.

장백기: 그 아저씨처럼 내가 문을 열고 하루의 시작을
　　　 결정하는 기분이 정말 좋았다.

장백기: 그룹웨어에 들어가 여기저기 게시판을
　　　 살펴봤고, 인트라넷으로 주제별 신문기사도
　　　 꼼꼼히 챙겨봤다.

장백기: 뭔가 적당한 긴장감에 적절한 여유.
　　　 스타일리쉬한 TV 드라마의 한 장면처럼
　　　 고무되는 시간이었다. 바로 (　　　) 전까지.

〈tvN 드라마 '미생' 6 편 중에서〉

'미생' 드라마 속에서 장백기는 완전한 스펙을 갖춘 신입사원이다. 그렇지만 바로 위 대리의 트레이닝 방식에 적응을 못 하는 상황이다. 그래서 회사를 이 직할 생각을 하기도 하지만 결국 원인터에 남아서 잘 적응하게 된다.

[(　　　　)안에 들어갈 말을 한번 맞춰보라!]

장백기가 기본이 된 것으로 보이는 두 장면 중 하나이다. 지금 이야기 할 하나는 '시간'에 대한 것이다. 누구보다 일찍 출근하는 것은 정말 좋은 습관이다. 드라마에서는 나오지 않았지만, 일찍 출근해서 좋은 점은 공식적으로 '사무실' 이곳저곳을 탐색할 수 있다는 것이다. 게다가 손에 손걸레라도 들고 있으면 상사의 책상 위를 종횡무진 살펴볼 수 있다. 서류도 들춰볼 수 있다. 필자가 1994년 입사했을 때 선배가 해주신 충고가 떠오른다.

"청소할 때는

공식적으로 **선배의 서류**를 볼 수 있다.

특히 일찍 출근해서 청소할 때는
서류철이나 결재판을 열어봐도 된다.

청소(정리)하려면 내용을 봐야 하기 때문이다.

그럴 때 **팀이 어떻게**, 또 **선배들이 어떻게** 일하는지
파악하는 기회로 삼아야 한다.

너는 **일찍 출근**해라."

한 3년은 일찍 출근했던 것 같다. 대중교통을 이용할 때도 한산해서 좋았고, 우리 팀이나, 다른 팀이 어떻게 일하는지 정말 쉽게 알 수 있었다. 이미 청소되어 있었어도 걸레를 들고 다시 청소를 할 동안 더 깨끗해지는 책상과 탁자는, 마치 머릿속이 정리

되는 듯했다. 거기에 뒤이어 출근하시는 팀장님의 칭찬은 덤이었다. 그리고 정말 무엇보다도 **업무를 빨리 익힐 수 있었다.** 요일별로 처리되거나 오랫동안 묵혀지는 서류의 패턴을 알게 되었다. 즉 **지금은 이것을 해야 하는구나!** 하는 감이 빠르게 생겼다.

예를 들어, 주초에는 '주간보고' 때문에 '이 전 주간의 결과'가 정리되어 있어야 하고, 월말이 되기 전에 '이번 달 실적의 추정(말일이 되기 전에 서류가 작성됨)'과 다음 달 목표가 수립된다. 그에 따라 데이터를 정리하여야 한다. 각 사원의 데이터를 취합해야 하고……월 판매 수금계획을 매달 작성한다. 본사에 5개 팀이 있었는데 우리 팀은 연차 수가 가장 낮은 사람이 담당자였다. 그렇다, 나는 2년 차일 때부터 담당자가 되었다. 1년 후에 기획관리 부서로 발령 났던 것도 아마 '일찍 출근했던 습관' 덕분이 아닌가 생각한다.

기업 측면에서 봤을 때 일찍 출근하는 직원은
같은 '월급(In-put)'을 주었을 때
'결과(Out-put)'가 높은 사람이다.

이익을 추구하는 기업에서는 당연히 선호될 수밖에 없다.

그리고 진급에서 빠르고, 부서 배치에서 주요 부서에 배치될 가능성이 크다.

사실 시간관리 강의를 진행할 때 이 이야기를 자주 한다. 그런데 우리는 모두 이미 알고 있다. 단지 실천하지 못할 뿐이다. 그 속에는 조금이라도 **손해를 줄이고 싶다는 심리가 있기 때문이다.**

왜 똑같은 월급을 받고 일을 더 해야 하는가?

라는 심리일 수 있다. 단기적으로는 그럴 수도 있다. 그렇지만 우리가 30~50년은 일을 해야 한다고 봤을 때, 결코 이익이 아니다. 사실 단기적으로도 별로 도움이 되지 않는다.

이런 계산을 해보면 어떨까!

부장급과 임원급의 월급 차이를 아는가? 당신이 아는 어느 기업을 기준으로 해서 생각해 보라. 당신이 임원 진급이 1년 빨랐다고 생각해 보라. 그러면 그 차이만큼 이익 아닌가? 그러면 하루에 1시간씩 시간 외 수당을 받지 않고 3년 동안 일찍 출근했다고 가정해 보자. 보통은 신입에서 1년 정도만 일찍 출근하면, 거의 모든 직원이 당신을 '일찍 출근하는 사람으로 판단한다.' 심지어 지각해도, 일찍 출근했다가 다시 나갔다 들어오는 줄 착각하기도 한다.

그 3년간의 시간 외 수당과 부장과 이사의 연봉 차이를 계산해 보기 바란다. 그런데 부장이 되어서 임원 진급을 준비하는 것보다, 신입일 때 3년간 일찍 출근한 것이 훨씬 임원진급에 유리할 수밖에 없다.

또 여유로운 자기계발 과정을 가질 수 있다. 하나 더! 일찍 나오는 성실한 당신의 습관이 조직 모두에게 보인다. 하나를 보면 열을 안다 했다. 당신의 성실한 습관은 모든 이에게 많은 또 다른 긍정적인 모습으로 해석될 것이다.

과연 좀 더 일한 것이 손해일까?

성공하고 싶으면 '일찍 출근하라!'
그게 기본이 된 것이다.

단기적 이익 〈 장기적 이익

단기의 이익을 위해 움직이는 것은 베이직이 아니다

선배님 어떻게 성공하셨습니까?

이런 질문을 하면 선배들은
보통 이렇게 대답해 주신다.

'운'이 좋았다,

그렇지만 그분들의 공통점은
거의 모두 바닥을 긁으신 분들이다.
즉 한 발자국씩 '지옥에서' 올라온 사람들이었다.
운을 만드는 노력을 꾸준하게 해왔던 분들이다.

성공한 선배치고,
노력하지 않는 사람을 본 적이 없다,
운을 좋게 만들기 위해서 하는
노력을
당연하게 여긴다.
그러므로 겸손하게
운이 좋았다고 대답하는 것이다.

함께 하는 일이다
=
함께 '노력'하는 일이다.

제2장 Review

함께한다

2-1 관심을 갖는다

2-2 낮은 역할을 찾아간다

2-3 시간을 지킨다

〉〉〉 함께 일하려면 '**상대방의 의도**'를 읽어내야 한다.

〉〉〉 당신 생각보다 **낮은** 역할을 찾아가라.

〉〉〉 정각(Just Time)은 늦는 것(Late Time)이다.

　　　성공하고 싶으면 '**일찍 출근하라!**'

우리는 어떤 **의도**로

이 책을 썼을까?

내가 당신에게 **바라는 것**은 무엇일까?

(상대방의 의도를 파악)

새벽달 친구

토요일 새벽 5시

오랜만에 새벽 거리를 나와 보니

벌써부터 이리도 분주하다.

주말인데…, 새벽인데…

하늘 공기 마시고자 무심코 고개 드니

동그란 새벽달이 인사를 건네오네.

"친구야, 오랜만이로구나~~~"

환히 웃는 달 친구가 반가워 무심결에 찰칵찰칵!

스물다섯 청춘 그 시절에

버스 안 워크맨으로 영단어 외워가며

새벽 출근 안녕 나누던 저 친구 아직도 그대로일세~~~

꿈꾸며 고뇌하며 외쳐가며 젊었던 그 시절이 흐뭇하다.

반가워 건넨 인사말,

"어이, 새벽달 친구! 그댄 여전하구먼~~~ 부럽네! 그랴~~~"

친구도 미소 담아 입을 여네,

"어이, 이 보소! 자네도 그때나 지금이나 그대로일세~~~"

'그 말 참 고맙소······.'

'그 말 참 힘이 되오······.'

쑥스러이 중얼대며

새로운 아침을 맞아본다.

글벗나루30 BAND 중에서
2015년 3월 7일 새벽
우헌(友軒) 김성천

효과적인 협상을 위한 12가지 전략

1. 목표에 집중하라

2. 상대의 머릿속 그림을 그려라

3. 감정에 신경 써라

4. 모든 상황은 제각기 다르다는 것을 인식하라

5. 점진적으로 접근하라

6. 가치가 다른 대상을 교환하라

7. 상대방이 따르는 표준을 활용하라

8. 절대 거짓말을 하지 말라

9. 의사소통에 만전을 기하라

10. 숨겨진 걸림돌을 찾아라

11. 차이를 인정하라

12. 협상에 필요한 모든 것을 목록으로 만들어라

상대방의 정치적 성향, 과거 발언, 의사결정 방식 등을 알면 원하는 것을 얻을 수 있다.

스튜어트 다이아몬드(어떻게 원하는 것을 얻는가. 2011) 중에서

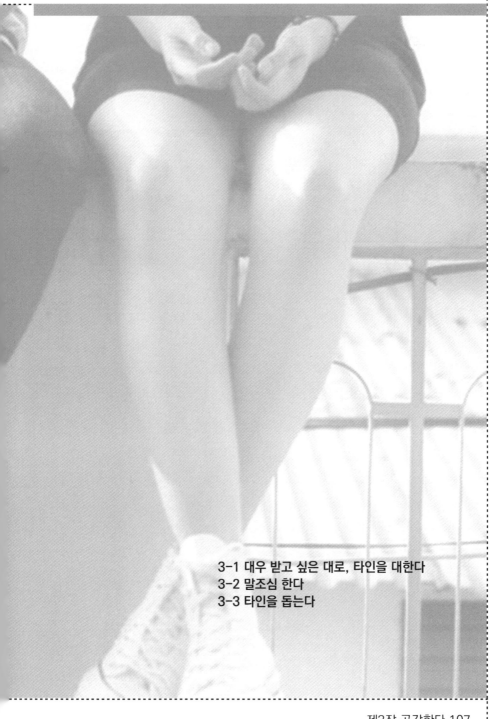

3-1 대우 받고 싶은 대로, 타인을 대한다
3-2 말조심 한다
3-3 타인을 돕는다

3-1 대우받고 싶은 대로, 타인을 대한다

몇 가지 자주하는 질문들

왜 대우받고 싶은 대로 타인을 대하는 것이 기본입니까?

〉〉〉 인간은 신체적인 능력이 경쟁하는 육식동물들보다 약했다. 그래서 일찍부터 집단을 이루어 생존하는 방법을 터득했다. 이러한 집단생활은 점차 사회를 이루게 되었다. 또 많은 인간이 모여 살면서 자연스럽게 '규칙'이 생겨났다. 그 '규칙'의 원리는 무엇이었을까? 그 규칙의 '기본'은 무엇이었을까?

사회를 깨트리지 않고 유지하는 것을 목적으로 규칙(Rule)이 생겨났다.
먼저 구성원들이 집단을 계속 떠나게 되면, 그 집단은 위협으로부터 방어할 수 있는 인력이 모자라게 된다. 그러므로 '공평'이라는 규칙이 가장 먼저 생겨났다. 불공평하면 다른 공평한 집단으로 이동할 테니까.

대우받고 싶은 대로 타인을 대하는 것은
공평(=합리적 평등)이라는 규칙의 첫 번째 행동원칙이다.

그러면 구체적으로 어떻게 하면 됩니까?

〉〉〉 모든 사람은 주관적일 수밖에 없다. 나 자신을 먼저 생각하는 것이 당연하다. 하지만 함께 살아가기 위해서 상대방도 나와 똑같다고 생각해야 한다. 그래서 행동하기 전에 이렇게 생각해 보자.
상대방이 나에게 이 행동이나 말을 한다면 어떨까 하고 말이다.

미생에서 이것에 대한 예를 들어보겠다.

오과장: 야 그렇다고 걔를 보내면 어떻게!
　　　　영어도 못한다면서.
김대리: 활 떠났고요. 저도 떠났고요.
　　　　나머진 진인사대천명이죠.
오과장: 끊어

오과장: (그래 싹수가 노란 놈인지 파란 놈인지
　　　　한번 보자고.)

* 껌을 씹는다.

* 껌을 뱉는다.

〈tvN 드라마 '미생' 1편 중에서〉

지금 오과장은 귀국하고 바로 바이어와 미팅 장소에 가고 있다. 차가 막혀 30분 정도 늦은 상황이다. 회사에서는 늦을 것을 대비해 인턴사원인 장그래를 내보냈다. (30분 동안 바이어를 잡고 있으라는 뜻이었다) 영어도 못하는데 외국인 바이어를 맡으라고 말이다. 이때 미팅 장소로 들어가는 오과장이 하는 행동이 바로 **'기본' 이된 행동**들이다. 즉 **예절을 지키려고 하는 것이다.** 오랜 비행으로 눈이 충혈되어 있으니, 안약을 넣고, 입 냄새를 없애기 위해서 껌을 씹는다. 당연히 바이어 있는 자리에 가기 전에 뱉는다.

바빠도 기본적인 예절을 지키는 사람
= 기본이 된 사람.

이것을 상대방의 처지에서 생각해보자.
두 가지 상황으로 구분해 보겠다.

상황A: 원인터의 오과장이 헐레벌떡 뛰어 들어왔다. <u>눈도 충혈되어 있고,</u>
급하게 말을 하는데, <u>입 냄새도 난다.</u>

상황B: 원인터 오과장이 좀 늦었다. 비행장에서 직접 왔다는데 <u>별로 호흡도</u>
<u>흐트러진 것이 없다.</u>

두 가지 상황 모두, 약속 시간은 늦었다. 시간을 지키는 것이 최선이지만 대신 영어는 못해도 직원(장그래)이 나와 있다.

당신이 바이어라면 상황A, 상황B 중에서 어떤 상황을 원하겠는가? 이왕이면 상황B였으면 좋겠다. **나와 만나는 사람이 나를 배려한다는 느낌을 주었으면 좋겠다.** 단순히 흐트러짐이 '있다 없다'의 문제가 아니고 말이다. 개인적인 친분에 따라서는 예절이 조금 생략되는 예도 있다. 그러나 '공식적'인 상황이나, **'비즈니스' 상황에서는 예절은 생략될 수 없는 일종의 '절차'이다.**

단순하게 예절을 지키자는 행동 방식을 택하면 힘들 수 있다. **상황별, 장소별로, 또 나라별, 지방별로 예절이 차이**가 있기 때문이다. 하지만 모든 예절의 기반이 되는 원칙은 바로 다음이다.

합리적 공평의 원칙
대우받고 싶은 대로 대우하라.

어떤 예절을 지켜야 할지 모른다면, 오과장처럼 행동하시면 80점은 넘는다. 일단 숨을 고르고 여유를 찾는다. 상대방을 최대한 배려하는 행동을 한다.

오과장이 처음에 했던 말은 이것이었다.

'영어도 못한다면서'

즉 바이어를 생각하는 마음이 있는 것이다. 상대방을 고려하고 있는 것이다. 더 나아가 인턴(장그래)에게 대한 걱정도 있는 것이다. 이 상황만 보더라도 오과장은 **사람을 중요시하는 성향이다.** '일은 잃어도 사람은 잃지 않는다.'는 신념으로 살아간다.

상대방을 생각하는 사람이 대우받는 조직을
'기본'이 된 조직이라고 한다.

그리고 '기본'이 되지 않은 조직은 '장기적'으로 봤을 때
도태하여 사라지게 된다.

당신이 최근에 화가 났던 경우를 한번 떠올려 보라.

누구에게 화가 났었는가?

왜 화가 났었는가?

이유를 생각해 보라.

대개 그 대상은 '본인과 관련이 있는' 사람일 것인데

'나를 배려하지 않고' 내 말을 듣지 않는 경우 아닌가?

구체적으로 살펴보면, 혹시 그 사람들이 이런 말을 하고 있지 않았나?

' 제가 할 수 없는 일입니다 '
' 규정이 그렇습니다. '
' 시키면 시키는 대로 해 '
' 뭐 그렇게 말이 많아 '
' 네~네~ (비아냥거리면서)'
......

조금만 나를 더 생각해 주었으면 하는 생각이 들었다면, 상대방은 최소한 서비스 또
는 비즈니스에 기본이 되지 않은 사람일 것이다. 이 책을 쓰면서 스스로도 반성을 하
고 있다. 왜 그때 **기본적인 행동을 못 했을까?** 이런 의문이 생긴다. 사실 그 이유는 이
런 것이다.

" 시간이 너무 없다 "
" 기본이 아니라 응용을 해야 성과를......"

그렇다. '빨리빨리' 정신은 참 많은 것을 이루어 냈다. 세계에서는 '한강의 기적'이라
고 한다. 먹고 사는 것을 해결하기 위해서 뛰셨던 아버님 세대가 우리의 배고픔을 해
결해 주셨다. 우리 중년들은 발 빠르게 선진국의 삶을 따라 했다. 그러다가 자주 생략

된 것이 '기본(Basic)'이었다.

이제는 다시 기본을 다져야 할 때라고 생각한다.

기본이 다져지지 않은 응용은 지속성을 가질 수 없기 때문이다. 배고픔과 가난을 해결하기 위해 빠르게 결정하고 행동했던 것은 당연하다. 그렇지만 지금 우리는 다시 기본을 다지고 난 후, 응용으로 나아가야 할 순간이라고 생각한다.

기본(Basic)은 더는 양보할 수 있는 것이 아니다.

원하는 결과를 위해서 모든 과정을 다 건너뛸 수 없는 것처럼 말이다. 바늘허리 묶어서는 올바르게 바느질을 할 수 없다. 지금까지 그래 왔다면, 이제 과감히 바꾸어야만 한다. 우리가 바라는 결과를 위해서도 **과정은 지켜져야 한다.** 기본을 다지고 응용으로 나아갑시다. **시간이 모자란다면 방법을 바꾸고, 성과를 따라가기 위해서는 '생각'을 바꾸면 된다.** 그러나 '기본'만은 다지고 갔으면 한다. 게임의 규칙을 모르고 게임에서 승리할 수는 없기 때문이다.

기본(Basic)은 규칙(Rule)이다.

이미 수백 년 전부터 우리 민족이 이미 가지고 있었던
그 좋은 기본들을 되찾았으면 정말 좋겠다.

3-2 말조심 한다

몇 가지 자주하는 질문들

왜 말조심을 하는 것이 기본입니까?

>>> 말실수가 어떤 결과를 가져오는지는 '말이 많은 직업'인 내가 잘 알고 있다. 말실수 때문에 생기는 어려움을 겪어 보았기 때문이다. **다른 사람에 대한 부정적인 이야기는 하지도 말고, 듣지도 않는 것이 가장 좋다.** 속칭 뒷담화하는 자리에 있다는 것 자체만으로 '동의'를 뜻하는 것으로 취급되기도 하니까 말이다. 그렇다고 입에 거품 물고 다른 사람을 욕하는 상황에서 '그렇지 않습니다'라고 말하기도 쉽지 않다. 그런 상황이 되면, **최소한 맞장구는 치지 말기를** 바란다.

그러면 구체적으로 어떻게 하면 됩니까?

>>> 함께 있는 사람이 험담하면

상황을 봐서 이야기의 주제를 다른 곳으로 유도한다.

즉 사람의 이야기에서 다른 주제 '사건·사고', '스포츠', '업무', 'TV 프로그램' 등 무엇이라도 상관없다. 그 자리에 없는 사람을 험담하는 상황에서 벗어나야 한다.

그리고 부정적인 언어는

부정적인 결과를 불러오기 때문에 피하라.

이상현: 우리가 여기 인턴이라도 들어오려고 얼마나
　　　　열심히 공부했어요. 대학 4년이 고등학교
　　　　연장이었다고요. 안 그래요? 장백기씨?
장백기: 입시현장이었죠
(A): 그놈의 스펙발 좀 쌓는다고

이상현: 형님도 그러셨잖아요. 저 입학했을 때 형님
　　　　대학교 4학년이었죠.
하대리: 그랬지.
김석호: 은근 끼리끼리 동문 많네요. IT팀 이과장님은
　　　　우리 과 선밴데.
(B): 아 근데 저 사람은 대체 무슨 대단한 백일까요?
　　　　그리 있어 보이진 않던데 헤헤

이상현: 빽은 빽이고 액면가는 딱 견적 나오는데 뭐
(C): 요즘음 회사도 사회배려자 전형 같은 것 있나요?
이상현: 좀 건방진 말 일진 몰라도 솔직히 기분 나빠요.
　　　　<u>저런 사람의 급도 들어올 수 있는 데를 내가 뭐하러
　　　　들어오나. 형님, **솔직히 우리 학교 정도는 아니어도
　　　　인 서울은 기본 아닌가요?**</u>

하대리: 너 인마. 건방진 말 맞고. 잘해줘라 걔 여기 오래
　　　　못 있는다. 이 빌딩 어디에 걔 있을 자리가 있겠냐.

이상현: 정말 기분 나빠요. 우리가 그냥 쨍으로 들어온
　　　　것도 아니고.

〈tvN 드라마 '미생' 1편 중에서〉

사람들이 모여서 이야기를 하다 보면 보통 맞장구를 쳐줘야 하는 상황들이 생긴다. 그리고 그 맞장구를 잘 쳐주는 사람이 소통능력이 높다고 평가된다. 그런데 맞장구를 치다 보면 **'강조'해줘야 하는 상황**이 된다. A처럼 말이다. 뭐 이 정도는 크게 문제가 될 것은 없다. 그렇지만 B부터는 문제가 생기기 시작한다. <u>자신을 변호할 수 없는, **그 자리에 없는 사람**을 이야기의 소재로 끌어들이기 때문이다.</u> 또, 보통 다른 사람의 이야기는 험담 즉 **부정적이 내용**으로 흐르기 마련이다. 결국, C처럼 타인의 **부정적인 이야기가 '강조'**까지 되면 문제가 커진다. <u>그 자리에 있는 사람까지 기분이 상할 수 있다.</u> C의 말 중에서 '우리 학교 정도'라는 단어에 그 학교 출신이 아닌 사람들은 감정이 상하기 시작할 것이다. 게다가 지방대학을 통째로 비하하고 있다. 만약 지방에서 대학을 나온 사람이라도 있으면, 그 사람은 아마 C를 '두고 보겠다'하는 감정을 갖게 될 것이다. 회사 생활을 하면서 동료에게 협조를 못 받을 가능성이 생긴 것이다.

그래서 회사에서 대화할 때는 '그 자리에 없는 사람'은 언급하지 않는 것이 좋다. 그러나 피치 못하게 이야기해야 한다면, 장점 먼저 또 칭찬으로 시작하길 바란다. 그리고 무엇보다 다른 사람들이 부정적인 말을 하기 시작한다면, 이야기의 주제를 다른 곳으로 돌리려 노력해 보길 바란다. 이것은 쉽지 않다. 그래서 노력해 봐야 한다. 만약 김석호가 이렇게 말했다면 어땠을까?

은근 끼리끼리 동문 많네요. IT팀 이과장님은 우리 과 선밴데. **학교 다닐 때 전공시험 때 많이 물어보기도 했어요, 그리고……**

그렇게 선배인 이과장님의 좋은 이야기를 했다면 장그래는 상처받지 않을 수 있었을 지도 모른다. 그러나 장그래는 그런(상처받는) 상황을 많이 겪는다. 앞에서처럼 자신을 험담하는 이야기를 공교롭게도 듣게 된다. 못 들으면 차라리 괜찮은데 들리면 참 고통스럽다. 상대방도 직접 들으라고 하는 경우는 거의 없지만, 지금 장그래의 경우처럼 우연히 듣게 되면 여러 좋지 않은 문제가 생긴다.

하나. 사기가 떨어진다.

빽으로 들어왔다, 낙하산이다. 등등의 이야기를 들으면 일할 마음이 잘 생기지 않는다. 극 중에서 장그래는 그래도 씩씩하게 버텨낸다. 정말 대견하다. 그런데 버텨내는 힘의 근원은 많은 아르바이트 경험과 또 한국기원의 오랜 연구생 생활을 하며 단련된 '승부사' 기질덕분이다.

맥을 짚고, 상대방을 파악하는 등등
그렇지만 무엇보다도 장그래가 '기본'이 된 것은
불평, 불만을 하지 않는 것이다.

직장에서는 물론이고 집에서도 불평하지 않는다.
대신 일을 해내기 위해 노력하고 또 노력한다.

모든 비판이 나쁜 것은 아니다. 건설적인 비판은 괜찮다.
하지만 가끔 비판과 불평을 잘 구분하지 못하는 사람들의 경우가 문제다.
비판과 불평의 차이는 딱 한 가지다.

'대안'이 있느냐 없느냐.

대안이 있으면 **'비판'**
대안이 없으면 **'불평'**이다.
불평은 또 다른 문제를 만들어 낸다.

하나. 마이너스(-) 에너지가 증폭된다.

불평하면, 보통 동조하는 사람이 생기게 된다. 그리고 거들기 위해 조금 살을 붙이기도 한다. 그렇게 증폭되게 됩니다. 심지어 말이 건너고 건너서 본래의 사실보다 몇 배나 커지기도 한다. 나쁜 마이너스 에너지 (-)가 가득 찬다.

우리는 보통 불평, 불만 그리고 욕을 하는 것을 좋아하지 않는다. 하지만 어떤 상황에서 자신도 모르게 불평이, 불만이 나오기도 한다. 누구나 그럴 것이다. 그렇지만 그 마이너스(-) 에너지가 당신을 덮어버리도록 내버려두지 마라. 특히 별 뜻 없이 습관처럼 하는 욕은 고쳐야 한다. 그 욕을 가장 먼저 듣는 사람은 바로 본인이기 때문이다. 마이너스(-) 에너지의 끝은 무엇일까?

불편한 사실 - 불만족 - 불평 - 우울 - "삶의 회의"가 계속되면 (살기 싫다!)

우울할 때 당신을 다시 되돌릴 방법들을 찾아야 한다. 스트레스는 살아 있으므로 당연히 있는 것이다. 근본적으로 스트레스는 없앨 수 있는 것이 아니다. 쉽지는 않지만, **그것을 관리할 수만 있으면 된다.**

'소리'와 '빛'을 함께 이용하는 것을 추천한다.

1. 기분이 좋아지는 음악 3곡 정도를 찾는다. 곡의 순서도 정한다.

2. 우울감이 들거나 불평을 했다는 후회가 생기면 듣는다.

3. 음악을 들으며, 10~20분 정도 걷는다.

4. 오직 음악에만 집중하고, 기분이 좋아지는 것을 느낀다.

* 원하는 결과를 얻지 못한다면, 음악을 바꾸어 보거나,

 가사나 음률에 집중하는 훈련을 해본다.

이렇게 불평하는 상황을 피하는 용도로 쓰기도 하고, 불평에서 생긴 스트레스를 줄이는 데 사용하면 된다. **자신만의 방법을 만들고 응용하기를 바란다.**

밖으로 나갈 때 다른 사람에 대한 최소한의 예의를 지키자. 몸이 다 드러나는 너무 편안한 차림은 피해야 한다. 물론 여름철 바닷가는 예외가 적용되기는 한다. 다른 사람이 있는 곳에서 '옷차림'은 자기관리이다.

자기관리도 당연히 기본이다.

예전의 어른들은 굉장히 신사적인 자기관리를 하셨다. 손수건을 꼭 가지고 다녔으며, 넥타이, 구두, 벨트, 지갑까지 꼼꼼히 챙기셨다. 어머니들은 아들에게 손수건은 따로 **챙겨주며 이렇게 말하곤 했었다. '손수건'을 두 장 준비해라. 한 장은 너를 위한 것 또** 다른 한 장은 다른 사람이 필요로 할 때, 기꺼이 내줄 수 있는 용도로 말이다. 예를 들어 '눈물을 흘리는 여자'가 있으면 기꺼이 건네주라고 말이다.

그와 유사한 내용이 '미생'에도 나온다.

어머니: 넥타이 매는 법 아직 못 배웠냐?
장그래: 네

어머니: 남자가 넥타이는 맬 줄 알아야지. 어른이
  되는 건 **나 어른이요 떠든다고 되는 게
  아니야. 꼭할 줄 알아야 되는 건 꼭 할 수
  있어야 해.** 넥타이, 검소하지만 항상 깨끗한
  구두, 구멍 늘어나지 않은 벨트, 네 아버지
  철칙이셨다.

<u>어머니</u>: 손가락으로 코 풀거나, 손바닥으로
  땀 닦지 마. 아무 데나 턱 앉지 말고, 깔고
  앉거나 닦고 앉아. **말하지 않아도 행동으로
  보여주면 그게 말 인 거야.**
  어른 흉내 내지 말고 어른답게 행동해.

〈tvN 드라마 '미생' 4편 중에서〉

나 어른이요 떠든다고
되는 게 아니야.
꼭할 줄 알아야 되는 건
꼭 할 수 있어야 해.

장그래의 어머니는 기본에 대하여 정말 멋지게 설명해 주신다. 기본은 먼저 할 수 있
도록 배우고 익혀야 한다. '꼭할 줄 알아야 되는 것'을 '꼭 할 수 있도록'말이다.

말하지 않아도
행동으로 보여주면
그게 말 인거야.

어른 흉내 내지 말고
어른답게 행동해.

하겠다고 말만 하는 것이 아니라 행동으로 실천하는 것이 '기본'이다. 진짜는 흉내를
낼 필요가 없다. 그래서 '어른처럼'이 아니라 '어른답게' 행동하라고 하신다. 어머니
들은 자식에게 영원한 스승이다. 그리고 영원한 후원자이다.어떤 어머니가 자식을 못
되라고 하겠는가. 자식을 버리는 경우도 조금은 있지만, 그것은 정말 상황이 좋지 않
아서이다. 자식을 키우지 못할 상황에 부닥쳐 자식을 살리기 위한 선택이라 생각한
것이다.

장그래는 어머니의 기본에 대한 조언을 실천해 간다. 고마운 일이다.

사회생활을 많이 한 사람들도 순간순간 실수를 한다. 특히 말투와 태도 때문에 싸움이 생기는 예도 많다. 이것 역시 상대방 처지를 생각하지 않기에 벌어지는 일이다. 오랫동안 함께 생활하다 보면 묵은 감정이 있을 수밖에 없다. 그리고 그 감정은 작은 불씨에 의해 폭발한다. 태도나 말투가 폭발의 불씨가 된다. '미생'에서 오과장의 일화이다.

오과장: 야! 너 뭐하는 거야 지금!
정과장: 왜 BL드래프트는 넣어가지구…….

오과장: 얌마!(버럭) BL은 내가 두 달 전에
　　　　주었잖아!
정과장: 아닌데 우린 받은 기억이 없는데.

오과장: 야 내가 너를 모르냐, 마부장을 모르냐.
어. 애들 앞에서 창피하지도 않어.
정과장: 뭐요!

오과장: 아무리 마부장이 무서워도 그렇지.
　　　　과장씩이나 되가지고 책임 있게 말도 못하고.
　　　　너 그 자리 고스톱 쳐가지고 올라갔어?
　　　　사람이 왜 그래 인마!

정과장: 책임 있게 말해야 될 때 안 한 사람이 누군데!
　　　　난 그냥 혼자 쪽팔리고 끝나지 누구처럼
　　　　장례는 안 치렀죠.
오과장: 너 지금 뭐라고 그랬어!

〈tvN 드라마 '미생' 5편 중에서〉

말조심해야 한다는 것은 어쩌면 **'말투, 태도 그리고 내용'을 조심하라**는 뜻과 통할 수 있다. 위의 사례에서 이것이 다 나타나고 있다.

정과장과 오과장이 다투는 상황이다. 옆에서 제삼자가 보는 입장으로 살펴보자. 정과장이 난처한 이유는 두 가지다. 첫 번째는 직책과 직급은 같지만 오과장이 입사 선배라는 점이다. 신입사원일 때, 하늘 같은 선배였지만 세월이 지나서 지금은 과장이라는 직급이 같다. 또 한 팀의 책임자라는 직책 역시 같다. 책임자는 리더십이 위협받으면 싸울 수밖에 없다. 자기 팀과 다른 팀 팀원들 앞에서 비난받는 상황이 두 번째다. 그것도 마치 **부모가 잘못한 아이를 혼내는 것 같은 '말투와 태도'**로 말이다.

결정타는 오과장의 이 말이다.

**" 너 그 자리 고스톱 쳐가지고 올라갔어?
사람이 왜 그래 인마! "**

정과장은 다른 팀 동료, 선배 그리고 후배 앞에서 모욕을 당했다고 느꼈다.
그래서 감정이 상했고, 당연히 자신이 가진 가장 강력한 공격 무기를 꺼낸다.
과거에 오과장이 잘못했다고 알고 있는 '내용'을 말해 버린다.

**" 난 그냥 혼자 쪽팔리고 끝나지
누구처럼 장례는 안 치렀죠. "**

다음 상황은 오과장이 정과장에게 물리력(?)을 행사하는 장면이다. 여기까지
봤다고 생각하고 읽어달라. 옆에서 이러한 상황을 보고 있으면, 궁금증이 생
긴다.

왜 이렇게 오과장은 '화를 내는 것'일까요?
또
오과장이 '장례를 치렀다'는 말은 무슨 말인가?

보통 많은 사람은 이렇게 행동한다. '내가 아는' 사람 중에서 '오과장을 잘 안
다고 생각하는' 사람을 찾아가서 물어본다. 문제는 여기서 발생한다. 오과장
을 잘 안다고 생각하는 사람이 실제로는 오과장을 잘 알지 못하는 경우가 더

많다. 오류가 생길 수 있다. 이런 방식으로 소문이 발 없이 잘도 퍼져 나간다. 또 문제는 **소문이 계속 '확대 및 재생산된다'**는 점이다. 당연히 사실과는 점점 달라지고 말이다. 결국, 당사자는 오해를 받았다고 억울한 상황에 빠진다. <u>그러나 아니라고 말하면 할수록 더 소문이 맞다고 믿는 것이 사람들이다.</u>

어떤 말의 '내용'들은 상대방의 깊은 상처를 다시 꺼내게 한다. 그리고 상처가 건드려진 사람은 참을 수 없는 화를 내게 된다. 차라리 정과장이 그 내용을 몰랐으면 이런 일은 생기지 않을 텐데 말이다. 이렇게 정보가 일을 크게 만들기도 한다.

두 사람 모두 팀장급치고는 경솔하게 행동하고 있다. 실제로 대기업의 과장급 정도 되면, 저런 정도의 트러블은 상대에게나 나에게나 좋지 않다는 것을 서로 알고 있으므로 서로 조심한다. 일어난다면 스트레스가 무척 많은 상황이 오래도록 계속되었을 가능성이 크다. **보통은 누군가 참는다.**

일반적으로 앞에서처럼 몸싸움까지 생기는 것보다는 '계급'이 낮은 사람이
그냥 삭이는 경우가 훨씬 많다.
그러나 문제는 당하는 처지에서
매우 괴롭고, 반감이 생긴다는 점이다.
드래서
언젠가 소심한 복수로 돌아오기도 하고,
조직에 커다란 피해를 남기기도 한다.

당신이 진급할수록 책임이 점점 커진다는 것을 명심하시기 바란다.
* 미생에서 이런 내용이 나온 장면을 한번 찾아보길!
   (힌트 한석율 - '싸이코 패스'라는 단어)

당신이 '상처받았다!'하고 느꼈던 '단어' 또는 '문장'을 써보자.

.

3-3 타인을 돕는다

몇 가지 자주하는 질문들

왜 타인을 돕는 것이 기본입니까?

>>> 현대 사회에서 업무는 점점 더 개인화되고 있다. 그리고 방대하고 복잡해졌다. 한 곳에서라도 오류가 생기면 누구의 책임인지 확실히 알 수 있는 상황이다. 그래서 더욱 개인적으로 변할 수밖에 없다. 강자는 더 강해지고, 약자는 더 약해지는 '정글'과도 같은 현실이다. 그렇기에 모든 사람이 모든 사람에 대해 투쟁을 해 나아간다면 세상은 어떤 모습일까? 또 지금은 강하더라도, 약해지게 되면 비참하지 않을까? 우리가 살고 싶은 세상이 그런 '정글'일까? 우리가 원해야 하는 세상은 '강자가 약자를 돕고, 강자가 약자를 배려하는 세상'이 아닐까? 함께 살 수 있는.

그러면 구체적으로 어떻게 하면 됩니까?

>>> 상대방이 필요한 것을 해주면 된다. 무조건 다 해주라는 뜻이 아니다. 상대방의 상황에 관심을 가지고 있다가, 필요한 상황이 될 때 도와주는 것 말이다. 단 상대방에게 '도와줘도 괜찮은지?' 확인한 후 도와주어야 한다.

우리 삶에서 실천할 수 있는 아주 쉬운 방법이 있다.

바로 청소이다. '미생'의 한 장면이다.

장그래: (휴게실에 왔다가 쓰레기가 있는 것을
　　　　보고 치운다)

안영이: (장그래의 행동을 보고 다가와 함께 치운다)
　　　　한심하네요.
장그래: 네?
안영이: 장그래씨 말구 여기 쓰레기 두고 간
　　　　사람들이요.

〈tvN 드라마 '미생' 2편 중에서〉

함께 일하는 공간을 청소하는 것은 다른 사람을 돕는 일이다. 청소(정리)에는 특별한 기술이 있는 것도 아니다. 일부 특별한 영역을 제외하고 말이다. 즉 어질러져 있는 곳을 정리하거나, 쓰레기를 쓰레기통에 넣는 일은 지시를 받지 않아도, 매뉴얼에 없어도 할 수 있는 일이다. 오직 하고자 하는 마음만 있으면 된다.

청소(정리)가 중요한 이유는 업무에도 영향을 끼치기 때문이다. 정리되지 않은 공간에서는 일 처리의 실수가 나오기 쉽다. 먼지는 당연히 몸에도 좋지 않고, 마이너스의 기운을 하고 있다. 풍수상으로도 그 공간을 사용하는 사람에게 나쁜 영향을 준다고 알려져 있다. **이왕이면 좋은 영향을 주는 환경에서 일하는 것이 좋지 않을까.**

청소와 함께 또 다른 예를 확인해보자.

타인을 돕는 작지만 큰 행동들

- 공공장소에서 문을 열고 들어갈 때, 뒤에 오는 사람을 위해

  문을 잠시 잡고 기다려 주는 일

- 추워하고 있는 동료에게 핫팩을 제공하는 일

- 더워하고 있는 선배를 위해 아이스팩을 준비하는 일

- 갑자기 내리는 비 때문에 고민하는 부하 직원에게 우산을 빌려주는 일

- 주문이 잘못되지 않았을까? 라는 걱정을 하는 상사를 위해

  카운터로 달려가서 확인하는 일

  등등

우리 주위에는 다른 사람들을 도울 수 있는 일들이 무한하게 많이 있다. 거창한 것처럼 보이지만 전혀 거창하지 않은 일들이다. 위와 같은 일들을 하는 사람들을 볼 때 우리는 자연스럽게 이런 생각을 하게 된다.

가정교육을 잘 받았구나.

=

기본이 된 사람

우리가 누군가를 도우면 그것은, 부모님의 체면을 살려 드리는 일이 된다. 부모님께 효도도 될 수 있으니 더욱 좋지 않나? 우리는 함께 살고 있는 사람들을 돕는 작은 일부터 실행하면 된다. 그리고 실행을 하는 가장 좋은 때는 바로 '지금'이다. 즉시, 바로 오늘부터 해보자.

함께 생각하고 몇 가지 적어보라.

1. 집에서 어떻게 가족들을 도울지 생각해보자.

```

```


2. 회사에서 어떻게 함께 일하는 분들을 도울까를 생각하라.

```

```


3. 우리나라 사람들을 어떻게 도울 것인가를 생각해보라. (우리는 그래서 이 책을 썼다.)

```

```

서로를 도우려는 사람들이 많은 나라가 좋은 나라 아닐까?

좋은 공동체를 만드는데 나도 한가지 하고 있다는 생각이 든다면

뿌듯하지 않을까?

시작은 가족에서부터 해야 한다.

가족을 돕는 방법은 어떤 것이 있을까?

'미생'에서 '가족을 돕는 것은 이런 것이구나.하고 느낀 장면이 있다. 이런 '도움(선물)을 받으면 정말 힘이 나겠구나!'라는 생각이 들었다. 상황은 이렇다. 일에 힘들 때 오과장은 부인에게서 메일을 받는다. 메일에는 '아들이 유치원에서 했던 행동'이 들어 있다. 오과장은 국제무역을 하는 상사맨이다. 물건을 사고파는 일을 하는 것이다. 그런 오과장이 하는 일을 6살 유치원생인 막내아들은 정확하게 알고 있다. 아들에게 슈퍼히어로로 인정받는 아버지는 진짜 슈퍼히어로가 된다. 아버지만 그럴까?

오과장: (노트북을 보고 있다. 학예회에서 모두들
　　　'영웅-슈퍼맨, 스파이더맨, 배트맨, 아이언맨
　　　등'의 분장을 하고 있는데 오과장의 아들은
　　　'상사맨'이란 분장을 하고 있다.)

선생님: 다음 준우. 상사맨이 뭐예요.
오준우:(오과장의 셋 째 아들) 상사맨은 초 울트라
　　　캡숑, 슈퍼짱 메가톤급 최고의 영웅입니다.
　　　상사맨은 전 세계를 누비며, 사람들에게
　　　필요한 물건을 파는 사람입니다.

오준우: 가난한 나라도 부자로 만들 수 있고, 물이
　　　없는 나라에 물을 줄 수도 있습니다.
　　　그리고 상사맨은 슈퍼맨, 아이언맨과
　　　배트맨과 스파이더맨도 살 수 있습니다.
아이들: 거짓말 하지마!

오준우: 거짓말 아니야! 우리 아빠한테 말
　　　해서 확! 팔아먹는다.
　　　……
오과장: 그래! 내가 이 맛에 이 회사 다니지!
　　　(가족사진을 보며)

〈tvN 드라마 '미생' 6편 중에서〉가장에게 가족은 지켜야 할 존재이며, 동시에 무한한

힘의 근원이다. 기업에서 가정이 있는 직원을 선호하는 이유가 있다. 가장에게는 '책임감'이 있기 때문이다. 만약 돈을 버는 것만이 목표라면, 무슨 일이든 할 수 있다. 그러나 부모는 '자식'에게 자랑스럽고 싶다. 그래서 부모의 직업을 말하기 힘들다면 그것만큼 고통스러운 일은 없을 것이다. 대개의 가장들은 그런 경우에 '돈'을 포기하고 '명예'를 선택한다.

'자식 보기 부끄럽다'

부모를 믿어주는 자식은 '부모'를 바로 세워주는 '근원' 즉 '기본(Basic)'이다. 그래서 부모님을 자랑스럽게 여기고, 믿어 드리는 그 자체가 부모님을 돕는 일이다. 부모는 자식이 아무리 작아 보이고, 어리석어도 버리지 않는다. 그렇다면 자식 입장에서 부모님을 '믿어 드리는 것'은 당연하지 않을까? 그리고 그것이 그렇게 힘든 일인가? 힘들다면, 이유는 딱 한 가지다. 바로 욕심이 너무 크기 때문이다. 내 아버지가 조금 더 돈을 잘 벌었으면, 내 어머니가 조금 더 똑똑하셨으면……하고 욕심을 내기 때문에 힘든 것이다.

다시 한 번 강조하겠다.

자식이 부모를 믿지 않으면,
부모는 한없이 힘이 빠진 무명씨가 된다.
반대로
자식이 부모를 슈퍼 히어로라고 생각하면,
부모는 슈퍼 히어로가 된다.

부모님을 무명씨로 만들던,

슈퍼 히어로로 만들던,

그것은 당신이 하는 것에 달렸다.

10대 이전에는 아빠 엄마가 슈퍼맨처럼 느껴진다. 그러다가 사춘기가 되면 부모를 초라하게 느낀다. 어렸던 감정에서 벗어나 객관적인 시각을 갖게 되면서 다른 부모와 '비교'하기 시작한다. 그리고 모든 비교는 항상 높은 곳을 향하기 마련이다. 당연히 부모는 초라하다. 그리고 어렸을 때, 가지고 있었던 믿음이 깨진 것이라 생각하고 엇나가게 된다.

인생 시기별 부모인식(일반)

유아기: 생존을 위해 양육자를 '슈퍼히어로'로 믿는다.

사춘기: 객관적인 '시각'을 갖는 시기로 부모는 '보통 사람'으로 인식한다.

청년기: 세상에 도전하고 '좌절'을 통해 발전해 나간다. 가정을 꾸린다.

    부모는 '시야'에서 사라진다.

장년기: 부모의 처지가 되고 나서 '부모'의 마음을 헤아린다.

    부모를 다시 '고마운 존재'로 느낀다.

사춘기를 지나서 청년기에 들어서면 '직업'을 찾고 배우자를 찾는 시기가 된다. 직업을 찾은 후 온통 관심은 이성에게 집중된다. 즉 가정을 이루고, 이상적인 '자손'을 이어가기 위한 단계에 들어서는 것이다. 그런데 현재의 우리나라는 '취업'이 어렵다. 가정을 꾸리기 위한 자본을 확보하지 못하는 상황이다. 청년기의 한 시기가 지연되는 것뿐 아니라, 생존이 위협받는 것이다. 안타깝다. 이 책은 그 단계를 넘어서 기업에 들어간 사람들을 대상으로 쓰여졌지만, 아직 취업을 못 한 청년들에게 장년층으로서 미안하다는 말을 전하고 싶다.

취업 후에 이성에게 관심이 있게 되면 여러 가지 일들이 생겨난다. 첫 번째로 이전에 사귀었던 이성 친구가 있는 경우에 많이 헤어지게 된다. 그것은 직업의 영향이 크다. 즉 배우자로서의 조건이 달라지면서 서로를 다시 평가한다. 그런데 여기서 '헤어지는 기본'을 이야기하겠다. 누군가와 만나는 것은 혼자는 불가능하다. 만날 때도 함께라면 헤어질 대도 함께 의견을 나누어야 한다. 그리고 미안함에 대해 충분히 표현하고 표현 받아야 한다. 물론 가장 좋은 것은 서로 어려움을 함께하고, 함께 극복해서 한 가정을 이루는 것이다. **의리를 지키는 선택은 당장은 힘들어도 반드시 훗날 보람으로 돌아온다.**

두 번째로 이성 친구가 없다가, 배우자를 찾고 결혼에 이르는 과정이다. 혼사는 양쪽 집안이 맺어지는 일이다. 열렬한 연애가 아니고, 선을 보거나 소개를 받으면 결국 집안 간에 맞추는 과정이 생긴다. 그런데 이 과정은 생각보다 복잡하고 고통스럽다. 그 이전에 겪었던 어떤 일보다도 힘들 것이다. 왜냐하면 '메뉴얼'이 없다. 아니 너무 많다. 맞추려고 하다 보면 너무 할 일이 많아진다. **이때에도 기본은 '역지사지'이다. 상대방의 처지와 입장을 생각하라. 스스로 조금 손해 보는 선택을 하는 것이 좋다.**

결혼하고 아이를 낳고. 그 아이가 커가면서 장년이 된다. 아버지 어머니가 되면, 몸과 마음이 그냥 알게 된다. 부모님이 나에게 얼마나 잘해주었고, 최선을 다했는지 말이다. 완벽할 수는 없다. 그러나 그 상황에서 자식을 위해 최선을 다한다는 사실만은 변치 않는다. 10대의 미혼모도 자식을 위해 입양을 심각하게 고려한다. 입양을 보내는 것은 자식을 위해 자신의 미래의 마음고생을 무릎서는 것이다.

인생은 이렇게 반복된다. 일반적이라는 단서를 달고 말이다.

제3장 Review

공감한다

3-1 대우받고 싶은 대로, 타인을 대한다

3-2 말조심 한다

3-3 타인을 돕는다

>>> 대우받고 싶은 대로, **타인을 대하라.**

>>> **험담하는 상황**에서 **벗어나라.**

>>> 상대방이 **필요한 것**을 해주면 된다.

부모님을 슈퍼히어로로

만드는 방법이 있습니다! 무엇인가요?

어떤 행동으로 하면 될까요?

네. **오늘 당장** 말입니다.

대한민족(大韓民族)

대한민족(大韓民族)은

평화를 사랑하지만

전쟁에 이르면 죽음을 피하지 않았습니다.

배고픔 속에서도

이웃의 고통을 외면하지 않았습니다.

자식을 위해서는

내 먹을 것, 입을 것 다 포기하고

머리를 조아리는 것쯤이야 아무렇지도 않게 합니다.

하지만

궁핍하고, 곤란하고, 못 배웠어도

'약자를 괴롭히는 것'을 수치스럽게 여겼으며,

빌어먹을지언정

훔치고 빼앗는 것은

사람이 할 짓이 아니라고

아이들에게 가르쳤습니다.

선생님을 부모님처럼 공경하고,

가르치는 사람은 매질해도

그 아이의 미래를 걱정함으로만 했으며,

탐관오리가 집 안에 있는 것을 씻을 수 없는 수치로 여겼습니다.

부자가 된 자는

이웃이 궁핍할 때 곳간을 기꺼이 열었고,

얻어가는 자는 그 됫박을 세어 빨리 갚을 생각을

먼저 하는 사람들이었습니다.

나라가 힘들 때는

분연히 떨쳐 일어나는

제 몸을 생각하지 않는 그런 기본이 된 사람들이었습니다.

그래서 지금 대한민족(大韓民族)이 있는 것입니다.

우리가 살아 있는 것입니다.

우리는 최소한 이 나라 이 땅은 지켜야 하지 않을까요?

받았으니

물려주는 것 말입니다.

글벗나루30 BAND 중에서
2016.03.21.
곽랑주

어린왕자, 장미 그리고 여우

중요한 것은 눈으로는 보이지 않는다.

너를 생각나게 할 거야 그래서 나는 밀밭에 스치는 바람 소리를 사랑하게 될 거고

사람들은 이 진실을 잊어버렸어. 여우가 말했다. 그러나 너는 잊으면 안 돼. 네가 길들인 것에 너는 언제까지나 책임이 있어. 나는 장미한테 책임이 있어.

사람에게 조국이 있는 것처럼 어린 시절이 있다.

앙투완 드 생 텍쥐베리

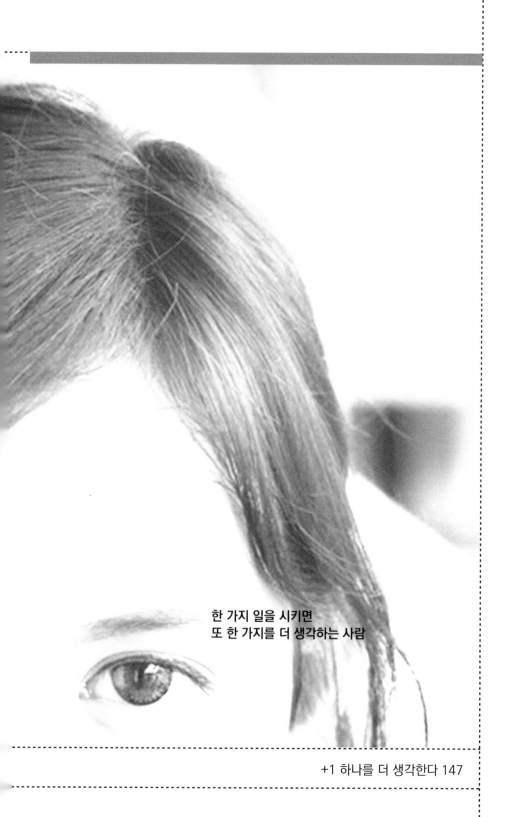

한 가지 일을 시키면
또 한 가지를 더 생각하는 사람

테이블을 닦아라.

회사에서 '테이블을 닦아라!'라는 지시를 받는다. 그러면 우리는 어떻게 해야 할까? 당연히 테이블을 닦아야 한다. 그런데 그 당연한 일을 사람들은 다들 다르게 한다.

직원 A – 테이블을 닦는다. (테이블 만)
직원 B – 테이블을 닦는다. (청소하라는 의미이므로) 바닥까지 닦는다.

'별 차이는 아니다.'라고 생각할 수 있다. 하지만 두 사람에게 일을 시킨 사람으로서는 '큰 차이'이다. 기본(Basic)이 있고, 없고의 차이이니까. 행동을 하기 전에 '왜일까?'라고 생각하는 사람과 시키는 것을 영혼 없이 '행동'만 하는 사람은 다르다.

우리는 사람과 일하고 싶다. 주어진 시간 동안 그냥 시간을 보내는 월급 기계와 일하고 싶은 것이 아니다. 사람은 일을 하는 동안에도 삶을 사는 것이다. 자신의 삶을 충실하게 살기 위해서 열심히 '일'을 하는 것이다.

당신은 '월급을 받는 생활'을 하고 있는가?
당신의 '삶을 써 내려가고' 있는가?

우리는 사람이다. 삶을 살아가는 생명체 말이다. 우리 삶의 밀도를 높이는 방법은 여러 가지가 있다. 그 방법 중에 **'왜?'라는 질문을 하는 방법이 가장 효과적이다.**

사범님: 왜 그 수를 거기에 두었는지
　　　　설명해봐.
장그래: 그……냥요.

사범님: 바둑에 그냥이라는 건 없어,
　　　　어떤 수를 두고자 할 때는 그 수로
　　　　무엇을 하겠다 하는 생각이나 계획이
　　　　있어야 해. 그걸 의도라고 하지.

사범님: <u>우상귀가 막혔어 어떻게 할 거야?</u>
장그래: <u>불필요한 수를 버려야 합니다.</u>

〈tvN 드라마 '미생' 4편 중에서〉

내가 왜 이 일을 하는가?

왜 이 일을 시키셨을까?

이 일은 왜 일어났는가?

이런 질문을 하면, 어떻게 행동해야 하는지 쉽게 방향이 나오기 때문입니다.

'미생'에 나오는 사범님의 코칭으로 답을 할까 한다.

바둑의 수에만 의도가 있어야 하는 것은 아니다.

일하는 것에도 의도가 있어야 한다.

인간의 삶에도 의도가 있어야 한다.

당신은 지금 어떤 의도를 가지고 행동하고 있는가?

그 의도는 우리 자신의 마음에 흡족한가?

또 부모님과 자식에게 어떻게 비추어질까?

항상 생각할 일

의도는 무엇일까?
'왜?'에 대한 답!

테이블을 닦으며 할 일 – '보고'

업무를 진행하며, 보고는 일종의 소통이다. 기업에서 아주 기본적인 일이다. 그런데 '보고서'에 대하여 신경 쓰는 것에 비해서 '보고' 그 자체에 대해서는 그렇게 중요시하지 않는 것 같아 안타깝다.

시기에 따라 구분해 보겠다.
A. 사전보고
B. 중간보고
C. 결과보고

A. 사전보고는 '업무'를 정확히 이해하였는가에 대한 절차이다. 즉 질문을 통해서 '업무'를 '확정'해야 한다.

'테이블을 닦아라.'라는 지시를 받았다.
이때 이렇게 사전보고를 하는 것이다.

"회의실의 테이블을 닦으라는 말씀이시지요? 언제까지 하면 될까요?"

좋은 시작이다. 업무를 확정하는 일 자체가 일을 잘할 수 있는 시작이니까. 군대에서는 이것을 '복명복창'이라고 한다. 명령을 받으면 그것을 입으로 이야기한다는 말이다. 보통은 짧은 질문과 메모면 충분하다. 그리고 아주 단순한 일이라서 바로 처리할 수 있는 것은 바로 하면 된다. 그러나 지금 중요한 (명령한 분이 시킨 급한) 다른 업무를 하고 있을 때는 꼭 '언제까지'라는 질문이 있어야 한다. 그래야 시간 배분을 해서 여러 가지 일을 해낼 수 있기 때문이다.

B. **중간보고**는 다음과 같은 경우에 하면 좋다. 업무 자체가 변화되었을 때에 하면 되는 것이다. 이럴 때 유용하다.

- 업무를 할 수 없을 때

- 업무가 지연될 경우

- 독자적으로 결정했을 경우 '예산'과 관련된 문제가 생길 때

: 테이블을 닦으려 하는데 중역들의 회의가 계속 진행되고 있을 경우라면,

　중간보고를 해야만 한다.

: 테이블을 닦는데 테이블이 금이 간 것을 발견했다. 바로 중간보고를 하여야 할 시기이다. 테이프 붙인다든지 하는 것보다는 '위험'이라는 표시를 해 놓고 바로 보고해야 한다. 바로 '테이블'을 주문하는 경우는 있을 수 없겠지? 에이 그런 바보 같은 일을 하는 사람이 어디 있겠냐고 생각할지 모르겠다. 하지만 의외로 유사한 생각과 행동을 하는 이들이 꽤 많다. 다음의 사례를 살펴보자.

'지방 출장 근무 중에는 점심(중식) 비용을 지원한다.' 라는 규정이 있다고 가정해 보다. 그런데 2명이 출장을 갔다가 이런 금액의 영수증이 경리부서에 접수된다.

XX 초밥 100,000원

테이블에 금이 갔다고 하여 바로 테이블을 주문하는 사람은 없을 거라고들 생각을 했을 것이다. 누가 그런 불필요한 비용을 사용하느냐 생각했기 때문이다. 그렇다면, 다른 설명 없이 경리부에 청구된 1인당 5만 원은 꼭 필요한 비용이었을까? 정확한 숫자

가 명시되어 있지 않다고 하여 규정이 없는 것은 아니다. 위 같은 경우는 이렇게 기준을 생각해봐야 한다.

평소에 식사하는 비용이 5,000~10,000원이었다면 그 가격이 기준이 되는 것이 맞다. 예를 들어 외빈 접대 등 특별한 상황이 발생했다면, '중간보고'와 허락이 있어야 한다. '중간보고'를 할 수 없는 경우에는 '최소한'으로 해석하고 사용하는 것이 기본이다.

C. **결과보고**는 생략하는 경우가 종종 있다. 바빠서 생략하는 때도 많다. 대개는 서로 '알겠지' 하는 자의적 추정 때문이다. 상대방과의 신뢰가 완벽하게 쌓여 있어도 '결과보고'는 하는 것을 추천한다. 일의 완료는 '결과보고(서)'로 증명되고 확정되는 것이기 때문이다.

일의 진행에서는 '과묵한 것'보다는 수시로 보고하고 보고받는 '소통의 부산함'이 오히려 능률을 올린다.

보고의 정석

보고란? : 업무 유관 상급자들이 일의 진척 또는 종결을 파악하게 하고,

특이사항을 인지하도록 하는 모든 행위.

시기에 따른 보고 분류

사전보고 : 업무 스타트 전에 개략적인 추진 계획과 일정을 알리는 행위

중간보고 : 문제없이 업무가 잘 가고 있는지, 어려움은 없는지,

도움이 필요는 없는지

들을 알리는 일로 필요에 따라 1회 또는 다수 실시

결과보고 : 업무의 종결을 알리고, 전반적 특이 사항과 관련된 향후 업무를

알리는 일

좋은 보고

- 왜 이 업무를 하는지를 먼저 파악하고, '왜?'라는 부분을 기억하며 보고한다.

  회사 입장에서 이 업무가 어떤 의미를 가졌는지 알려고 하는 노력이 필요하다.

- 상급자가 내가 맡은 업무 안에서 무엇을 궁금해 할지 고민한다. 처지 바꿔

  생각하여, 상대방이 필요한 내용과 형식을 고민하는 습관을 가진다.

- 묻기 전에 보고한다. 즉, 상급자가 궁금해 할 만한 사항을 적시에 미리 다가

  가서 알려준다.

- 유관자들 모두에게 보고한다. 즉, 업무 관련자들이 필요사항들을 계속 숙지

  가능토록 전파해야 한다.

- 상시적 대화처럼 한다. 즉, 늘 생활 속에서 수시로 상급자와 대화하고 소통

  하는 노력을 하는 게 좋다.

마지막 하나 더... '포기하지 말라'

세상에서 가장 쉬운 일은 '포기'이다. 그렇지만 살면서 가장 오래도록 머릿속에 남는 순간은 '포기했던 순간'이다. 누구나 포기하지 않을 것으로 생각한다. 그러나 어려움을 만나면 우리의 머릿속에서 이런 문장들이 맴돌게 된다.

'해보지 않은 일이잖아?'
'능력 밖의 일이잖아.'
'실패하면 어쩌지?'
　등등

당연할 수 있다. 그래서 포기했던 순간이 있는 것이다. 그런데 수십 년이 지났는데도 그 순간이 잊히지 않는다. 나처럼 후회하지 말기를 바란다. 무조건 달려들라는 뜻은 아니다. 충분히 생각하고 전략적으로 움직이라는 뜻이다. 만일 당신이 생각하고 있는 것이 왠지 '핑계 같다!'라는 생각이 조금이라도 든다면. 분명 오랜 시간이 지난 후에 당신은 그 순간을 후회하게 될 것이다. 결과가 좋지 않은 수도 있다. 그러나 모두 실패는 아니다. 이제부터 실패라는 단어를 이렇게 정의하면 어떨까. '실수'라고 말이다. 성공할 때까지 나는 '실수'를 할 뿐이라고 생각하면 어떨까? 조금 도전하기에 편해지지 않을까?
조직에서 일하며 가장 듣기 싫었던 말은 다음과 같은 대답들이었다.

"안 해봐서요,
 제 능력 밖이에요,
 못하겠습니다."

기본(Basic)

너무나 당연한 이 단어

도대체

이 책은 무슨 의도가 있을까?

만일 당신이 한 가지를 더 생각하고 행동하신다면

이 책의 의도는 이미 달성된 것이다.

Back To The Basic

기본으로라는 책을 만들며

기본이 안 된 책이라는 생각이 들어 쓸쓸하기도 하다.

그래서 더 주고 싶어서

부록을 준비했다.

여기까지 미흡한 책 덕분에 고생이 많았다.

그리고 고맙다.

기본을 갖추어

꼭 원하는 결과를 만들기를 진심으로 바란다!

마치며

인생이란 참 묘하다. 살다 보면 가끔 내 인생 계획에는 없던 귀인이 등장하여 인생에 큰 영향을 미치곤 한다. 이번에도 그러하다.

곽랑주란 친구를 알게 되어 많은 배움을 가졌다. 늘 새로운 탐구를 통한 미래예측의 습관, 자신과의 약속에 극도로 엄격한 그의 성실함, 포기를 모르는 꾸준함을 지켜보며, 그저 무던히 지내오던 나의 삶에 자각을 통한 학습이 이어졌다. 참 감사하다.

Smart CMS라는 회사를 15년여 운영해 온 나는 최근 신입으로 입사하는 청년들로부터 우리 세대와는 다른 많은 차이를 발견하기 시작했으며, 처음에는 이들을 탓하다가 나중에는 앞선 우리 세대가 그들에게 전해야 할 이야기들이 있음을 깨닫게 되었다. 오히려 우리 세대가 세상을 안일하게 살아온 것일 수도 있다는, 그래서 꾸준히 다음 세대에게 전해야 하는 가치 전달을 뒤로 미루고 있었음을 자책하게 되었다.

이 깨달음을 친구 곽랑주와 공유하기 시작했으며,

1년여의 대화와 공감을 통해

'Back to the Basic'으로 'Go to the Future'

해야 함을 알리기 시작했다.

처음에는 고뇌 많은 청년이 이런 이야기에 관심이나 있을는지 걱정도 많았으나, 이곳 저곳에서 '기본'의 중요성을 이야기 해 나가면서 발견했다.

그들의 귀가 열려 있다는 것을!

반만년의 역사 속에서 변함없이 인재를 칭하던 한 마디,

"저 친구, 기본이 됐네."라는 한 문장의 의미를 다음 세대에 전하기를 원하는 마음으로, 재능기부의 합으로 만들어진 '글로벌 베이직 연구회'의 활동을 시작하게 되었으며, 그 첫 결과물로 본 서적을 발간하게 되었다.

작은 점 하나와 같은 작은 활동의 시작이지만, 대한민국 다시 살리기를 위해, 대한민족(大韓民族)의 '기본'을 물려줘야 한다는 생각을 하는 많은 분의 따뜻한 마음을 모을 수 있는 씨앗이 되길 희망하는 마음으로, '헬조선' 대신 '우리 대한민족(大韓民族)'을 외쳐대는 청년들의 멋진 모습을 기대하며, 내 일터에서부터 한 발 한 발 그들과의 소통을 더 해 나가고자 한다.

방황의 시대 속 청년들에게 작은 희망과 도전의 불씨를 전할 수 있기를 희망하는 마음으로, 먼저 삶을 살아온 선배 두 명이 애정 어린 마음을 담아 이 책을 드립니다.

힘내세요! 청년들이여,
우리는 대한민족입니다!

김성천 올림

마치며

서로 다른 사람이 동시에 같은 단어를 말하는 경우가 있다. 단어는 가끔 그럴 수도 있지만, 어떤 사람이 하는 말이 '내 생각과 정말 똑같다.'라는 경험은 그렇게 많지 않을 것이다. 옛날이야기의 시작처럼 '어느 날' 우리에게 그런 일이 일어났다.

곽랑주: 내가 한 이야기를 녹음해서 다시 나에게 들려주는 듯해!
김성천: 그래 내 생각도 정말 그렇다네!

수백 분의 시간을 공감했던 이야기를 '딱 한 문장'으로 정리한다면 다음이다.

Back to the Basic! (기본으로!)

그리고 조금 풀어본다면 다음과 같다.많은 문제가, 기본(Basic)을 무시하기 때문에 생긴다. 너무나 '당연하기 때문에' 또 '급하므로' 그냥 넘어가는 것이 아닌가, 아쉽다. 우리 민족은 결과를 위하여, 쉽고 빠른 방법을 찾아서 달려왔다. 6.25라는 잿더미 위에서 다시 일어서기 위해서였다. 그래서 '보존과 계승'보다는 '발전과 혁신'을 먼저 생각할 수밖에 없었다. 그래서 '속도와 결과'가 최선의 미덕이었다. 이러한 결과 위주의 행동방식은 아이러니하게도 이젠 부메랑이 되어 우리 사회를 멍 들이고 있다. 속도를 위해 생략했던 '과정 그리고 목적의식'의 부재가 우리 삶을 불행하게 느끼도록 만들었다. 거기에 '결과'에 희생된 '인간성'은 흙수저/헬조선 등의 자조적인 단어를 양산하고 있다. 결과만이 중요하니까. 부모가 물려준 '결과'가 없으면 난 '금이 아니고 흙이다.' 라는 생각이 드는 것이다. '돈'이 없어 살기 힘드니 '헬(지옥)'이라는 뜻이 되는 것이다.

그러나

폐허 속에서 파란 싹이 숨겨져 있듯이 희망을 읽어본다. 헬한국이 아니라 헬조선이라는 단어를 쓴 그 마음속 말이다. 아버지를 미워하는 마음 저 속에 있는 사랑을 받고 싶은 무의식처럼 말이다.
이제 바꾸어야 한다는 생각이 모이기 시작했다. 여기저기서 그러한 싹이 트는 것을 보인다.

그래서 그 방법을 또 방향을 잡아보려 우리는 작은 발걸음을 시작했다.

우리 청년들에게 길을 보여주자!
우리 청년들에게 길을 가르쳐주자!
우리 청년들에게 장년들이 본을 보여주자!

그 첫걸음이 이 책 '기본으로(Back to the Basico!)'이다. 저희의 첫걸음이 우리 청년들에게 뛰어오를 수 있는 디딤돌이 되기를 바라는 날이다.

곽랑주 올림

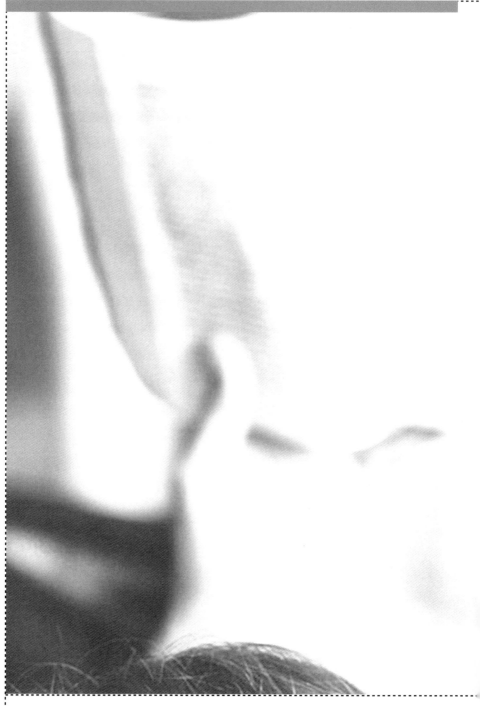

[수영장에서 베이직을 깨닫다.]
[구직자의 상태]
[하나를 보면 열을 안다]
[장년에게]

〈별첨1〉 언행일치...'최소한 말한 것을 지키려고 노력하자!'
〈별첨2〉 기업에서 미움 받는 직원과 사랑 받는 직원 비교
〈별첨3〉 'Basic'에 대한 생각들

[수영장에서 BASIC을 깨닫다]

- 서론 -

난 수영을 한다. 수차례의 정형외과 수술들의 결과로 이젠 과한 운동은 오히려 몸에 무리가 된다. 그래서 수영을 선택했고 꾸준히 해 온 지 벌써 어언 10여 년이다.

난 일단 물에 들어가면 물 밖으로 나올 때까지 가능한 내 발을 수영장 바닥에 닿게 하지 않으려 애쓴다. 25미터 레인(1회 왕복 50미터)을 보통 30바퀴 도는데, 끊김 없이 이어 그 날의 미션을 끝내고 싶어서이다. 대신 천천히 수영한다. 1분에 1회 왕복 정도의 시간을 쓰는 정도로 아주 천천히 수영한다. (30바퀴면 대충 30분이 걸린다.)

다양한 방법들 시도를 거쳐, 결국 이와 같은 방법, 즉, 천천히 하는 수영, 쉬지 않고 계속하는 수영을 선택하게 된 데에는 두 가지의 이유가 있다.

하나, 몸에 무리가 되지 않는 방법을 택했다. 짧은 시간에 더 큰 효과를 얻어 내고자 무리할 경우 오히려 몸에 이상이 생기기 일쑤였고, 힘든 운동이 귀찮아지면서 갖은 이유들로 운동을 멈추게 되는 자기 합리화 수순을 택하게 되는 경우가 많았기 때문이다. 나이도 문제다. 40대 후반으로 들어가는 즈음, 욕심은 낼 곳에서 내야 한다고 생각됐다. 과격한 운동 또는 무리한 운동은 더 젊었을 때 충분히 누렸던 사치이며, 이젠 자제해야 계속할 수 있다.

판단됐다. 결국, 내게 맞는 적당한 강도와 적합한 방법을 찾은 셈이다.

둘, 천천히 지방을 태우는 유산소 운동의 효과를 극대화하기 위해서였다. 공공의 적, 지방이란 녀석들은 쉽게 태워지지 않는다는 것을 깨달았기 때문에 천천히 운동하는 방법을 택했다. 갑작스러운 과격한 운동은 지방을 태우는 게 아니라 포도당을 소진하며, 최소 20분 이상 몸이 놀라지 않는 수위의 유산소 운동 이후에야 비로소 겨우 조금씩 태워져 없어지는 녀석들이 지방임을 알게 되었다. 끈기 있게 천천히 같은 동작을 반복해야 효과가 나타나므로, 난 30바퀴를 느린 자유영법으로만 쉼 없이 수영한다.

– 본론 –

이런 방법으로 수영을 이어 오면서, 언제부터인가 난 수영에서 인생살이와의 공통점들을 하나씩 발견해 가고 있었다. 수영을 통해 그 날의 나를 한 번씩 되돌아보는 내 모습이 신기하여, 오늘 난 이 공통점들을 10가지로 추려 적어 보려 한다.

1. 재미없고 무료하고 지독하게 외롭다!

내 방식의 수영은 참 재미는 없다. 아무도 없이 혼자 무작정 앞으로만 가는 방식이니 지독하게 외롭다. 30분의 시간은 외로움과의 싸움이기도 하다. 사실 중도에 수영을 멈추게 되는 경우가 가끔 있는데, 몸이 힘들어서 보다는 외롭고 지루해서이기 때문인 경우가 대부분이다. 외롭고 지루해서 운동을 멈추고 물 밖으로 나왔으면서, 입으로는 "아~~ 어제 무리를 해서 몸 상태가 말이 아니군. 오늘은 여기까지!"라고 주절대는 걸 보면, 외로움을 나 스스로에게도 들키고 싶지 않은 걸까?

2. 반복 속에도 성취감이 있다!

매번 하는 수영인데도, 30바퀴의 하루 분량을 끝내고 나면 또다시 같은 크기의 성취감이 온다. 쉽지 않았던 오늘 분량도 해냈기 때문이다. 나태해지지 않고 오늘도 '조금 더 발전했구나.'라는 만족이 생긴다. 거울에 비치는 몸을 바라보며, 이어 온 운동의 결과물에도 흡족한 미소를 떠올리게 된다. 남들 눈에는 보이지 않을 테지만… 내 눈에는 보인다!

3. 무아지경의 시점이 있다!

물에 몸을 담그면 난 최초 10바퀴 시점을 애타게 기다리며 두 팔을 젓는다. 10바퀴부터 무아지경의 시점이 오기 때문이다. 러닝머신을 뛰는 이들도 똑같은 시점이 있다고들 한다. 20분 정도를 넘으면서부터 찾아오는, 즉, 내가 달리고 있는 건지, 쉬고 있는 건지 모르는 그런 몽롱한 상태, 일명 '사점' 말이다. 이 사점을 넘으면 몸과 마음이 반복하던 행동에 익숙해져서 내가 수영을 하는지 그냥 떠 있는지 모르는 그런 상태가 온다. 10바퀴를 넘기면 참 편해진다는 것을 이미 알고 있으니, 10바퀴를 기다리며 가고 또 간다. 무아지경의 시점까지 도달하지 못하면 고생만 하다가 포기하는 꼴이니, 무조건 이 시점까지를 1차 목표로 해야 한다! 그리고 여기까지는 일단 무조건 도달해야 한다!

4. 중간에 쉬면 흐트러진다!

간혹 물안경을 제대로 밀착 착용하지 않아 새어 들어온 물 때문에 눈이 아파지는 경우가 있다. 또 간혹 수영모가 밀려 올라가 다시 제대로 착용하고 싶어지는 경우나, 한쪽 다리에 쥐가 나서 수영을 중도에 멈추고 싶은 경우들이 발생한다. 하지만 어지간히 참을 만한 수준이라면 난 멈추지 않고 30바퀴를 계속 간다. 일단 한 번 멈추면 처음부터 다시 시작하게 되는 셈이기 때문이다. 멈췄다가 다시 시작하면, 무아지경에 이르기까지 다시 10바퀴가 필요해진다. 살다 보면 거추장스러운 요소들이 내 행로를 방해하기 일쑤이지만, 일단 스타트했으면 계속 가야 한다!

5. 8부 능선에서 흔들린다!

묘하게도 8부 능선, 즉 총 30바퀴 중 꼭 24바퀴 정도에서 잡념이 생기기 시작한다. 몸이 제법 힘들다는 신호를 주는 시점이고, 이 정도 했으면 운동은 적당히 된 것 아니냐고 스스로를 설득하려 하는 시점이며, 이때 무아지경 상태도 잠시 깨어진다. 잘 나가다가도 위기는 꼭 또다시 찾아오는 우리의 삶이랑 많이도 닮았다. 이때를 넘어서야만 목적지까지 갈 수 있다. 이때 한 번 더 독해져야 한다. 이때 난 남은 바퀴 수를 0바퀴에서 다시 시작하는 방법을 쓰곤 한다. 6바퀴만 다시 시작하여 도는 거다. 슬럼프에 왔을 때, 초심으로 돌아가 다시 시작해야 한다!

6. 경쟁자가 있으면 잠시 편하다!

내가 다니는 수영장엔 참 사람이 없다. 옆의 피트니스 센터에는 사람들이 꽉 차 있는데, 수영은 상대적으로 여러모로 번거로워 많이들 찾지 않는 듯싶다. 덕분에 나는 4개 레인의 큰 수영장에서 홀로 맘껏 운동을 즐길 수 있다. 헌데, 가끔은 수영장을 찾는 분들이 있는데 이분들이 얼마나 반가운지 모른다. 단 한 명이라도 내 옆에서 함께 수영하고 있다면, 서로 대화 한 마디 나누지 않으면서도, 옆에 누가 있다는 사실만으로 지루함과의 싸움이 한결 쉬워진다. 옆 사람이 남자인지 여자인지, 수영 경력은 얼마나 되어 보이는지, 속도는 나보다 빠른지, 근력 강화에 욕심이 있는지 아니면 유산소 운동에 욕심이 있는지, 이 사람은 몇 바퀴를 목표로 하고 있을지 등등을 생각하다 보면, 이미 나는 나 혼자가 아니더라. 덜 지루하고 덜 외롭더라!

7. 황새 따라가려다 가랑이 찢어진다!

가끔은 옆에서 수영하는 엄청난 실력자를 만나게 된다. 엄청난 속도로 팔을 젓기 시작하길래 두세 바퀴 저러다 말겠지 라고 생각했더니만, 같은 속도로 열 바퀴, 스무 바퀴를 계속 젓는다. 아마도 수영 선수 출신인 것 같다. 갑자기 욕심이 나면서, 왠지 느릿느릿 내 영법이 창피해진다. 나도 저 정도는 할 수 있다며 자존심이 발동한다. 그래서 속도를 높인다. 헌데, 결국 나는 내 페이스를 잃어버리게 되며, 그 날의 목표치를 달성하지 못하고 만다. 그 사람은 그 사람의 계획대로 달려갈 뿐, 나는 내 계획대로 그냥 달려가면 되는 것을… 그와 나를 비교하고 흉내 내려 하여 무엇이 더 생긴다고 무리를 했을까…. 이젠 내 밥그릇을 알아야 할 나이이고, 인생은 결국 혼자서 뚝심 있게 계속 달려야 하는 법이다. 옆을 바라는 보되, 쓸데없이 흉내 내려 하다간 그간 쌓아온 내 것들을 다 날려 버릴 수도 있다. 나를 알고 내게 맞는 것들을 하자! 그리고 내 페이스대로 계속 간다!

8. 습관이 되어야 한다!

명절 후 또는 잦은 회식 후 불어난 몸을 보며 굳은 다짐을 할 때가 있다. 운동량을 며칠간 대폭 늘려 보겠다고… 과거에 참 많이도 이렇게 했던 것 같다. 단시간 내에 최대의 효과를 내기 위한 운동의 무리수 말이다. 결국, 포기와 실패가 많았다. 한 방에 되지 않는 것을 한 방에 하려니 실망밖에 남지 않는다. 결국, 의지보다는 습관이다! 억지의 의지는 작심삼일이 될 수밖에 없다. 내 몸의 일부로 습관이 되는 것들이야말로 참된 내 것이다. 매일 아주 조금씩 끊이지 않고 할 수 있는 운동법을 찾아야만 지속할 수 있다. 더불어, 습관이 되어야만 주변 사람들이 관심을 가지기 시작한다. '난 수영을 잘할 수 있어.' 또는 '난 왕년에 수영 선수였어.' 등의 내면 대화는 이제 내 나이 인생 펼침에 별 도움이 되지 않는다. "난 오늘도 수영을 해. 똑같이 앞으로도!"라 외칠 수 있다면, 이를 지켜보던 이들의 대화거리가 되기 시작하고, 그들이 내 이야기를 듣고 싶어 하기 시작한다. 계속의 힘! 앞으로 지켜나가야 할 최고 덕목 중의 하나이다!

9. 플랜 B도 필요하다!

수차례 정형외과 수술을 통해 관절과 허리에 종종 통증이 생기는 나는, 가끔 수영을 멈춰야 하는 상황을 맞이한다. 이때 내면의 나는 '당분간 무리하면 안 돼. 그러니까 운동 잠시 끊고 푹 그냥 쉬어. 몸 관리야 통증 없어진 후 다시 시작하면 되잖아.'라고 내 스스로를 유혹한다. 하지만 이때, 수영이 무리 된다면 다른 간단한 운동으로 같은 시간을 채워야 한다. 즉, 플랜 B의 가동이다. 가벼운 걷기, 스트레칭, 자전거 등으로 같은 시간을 채워간다. 그래야만 나는 계속하고 있다는 안심이 된다. 어려움이 왔을 때, 하던 일에서 잠시라도 완전히 손을 떼면 안 된다. 계속 가고 있다는 마음가짐을 유지하기 위해 항상 플랜 B가 필요하며, 플랜 B는 항상 미리 준비해 두어 언제든 신속하게 꺼내도록 하자!

10. 누군가 지켜봐 주면 힘이 난다!

고독한 운동이 행복과 의욕으로 넘치게 되는 경우들이 있다. 예전에, 친구 한 명이 함께 수영하자며 와서는 "성천아, 오늘은 정말 40바퀴를 쉬지 않고 돌겠다고? 그게 가능해?"라고 했을 때…. 그리고 여름 가족 휴가 때 우리 아이들이 "아빠, 정말 50바퀴를 멈추지 않고 돌 수 있어요? 저희들은 1바퀴도 힘든

데요?"라고 말해 왔을 때…. 이때, 난 거의 슈퍼맨과 같은 파워를 보였다. 누군가 나의 행보를 지켜보고 응원해 주는 상황이 되자, 난 더 이상 혼자가 아니었다. 한 시간 후에 그들이 "역시 대단해, 성천이!" "아빠, 진짜 짱이예요. 우리 아빠 최고!"라 말해 줄 그 장면을 떠올리며 나는 그 날의 호언장담 했던 목표치들을 무리 없이 달성할 수 있었다. 수영 중 시종일관 힘이 넘쳤고, 간간이 그들의 얼굴을 슬쩍 바라보는 것만으로도 나는 불끈불끈 에너지가 다시 샘솟았다. 만일 그때, 나 혼자였다면 40바퀴, 50바퀴가 가능했을까? 함께 할 사람이 있다는 것은 커다란 행운이다. 함께 지켜봐 주고 함께 응원하면 함께 슈퍼맨이 될 수 있다!

- 결론 -

근래 큰 히트를 친 드라마, '미생!' 매회 볼 여건이 되지 않아 시청하지는 못하고 스토리들을 이야기로 몇 번 들었으며, 대한민국의 청년들과 직장인들에게 큰 감동을 선사한 드라마라 익히 알고 있다. 헌데, 난 미생의 스토리에서 보여지는 상황의 역전, 기발한 아이디어의 승리, 예상치 못했던 반전 등의 상황들이 그다지 달갑지만은 않다. '대한민국을 다시 세워 줄 우리 후배, 우리 자녀들에게 우리는 무엇을 먼저 외쳐주어야 할까?'라는 생각을 하다 보면, 확률 낮은 기적 같은 일들을 위한 준비보다는, 우리가 살아온 과정 속에서 경험하며 찾아온 진정한 인생살이의 평범한 원칙들을 외쳐줘야 하지 않을는지….

먼저 살아온 우리들의 '기본'을 통해 '대한민국 다시 살리기'가 다시 시작되는 희망의 모습을 상상해 보며, 오늘도 난 수영장으로 가고, 오늘도 난 청년들에게 부끄럼 없이 나의 이야기들을 외쳐댄다. 지독히도 외로운 싸움에서 지치지 않고 나의 길을 끊임없이 계속 갈 수 있는 의지와 습관의 장착, 난 그걸 'Back to the Basic!'이라 불러보고 싶다…

2015년 3월 13일

글벗나루30

우헌(友軒) 김성천

[구직자의 상태]

자다가 한숨을 쉰다.

가슴에 벽돌 한 장 올려놓은 듯하다.

밥을 먹어도 허기가 지는데

밥을 먹고 나면 거친 자갈이 위장을 긁고 다니는 듯하다.

머리가 아픈데, 두통이라 하기엔 이상한 아픔이다.

안경에 무언가 끼어 있는 기분 나쁜 머리 아픔.

가끔 아무도 보지 않는 곳에서 눈물을 흘린다.

부모님께 창피해서 화가 난다.

잘하고 싶은데, 잘하는 게 아무것도 없는 것 같다.

누군가의 책임으로 돌리고 싶지만

내가 너무 못난 것 같다.

외롭다고 말하면

누군가 들을까 봐 두려울 정도로

외롭다.

2015. 3. 17

탈락에 힘들어하는

제자의 전화를 받고.

곽랑주

[하나를 보면 열을 안다]

어른들께서 늘상 하시는 말씀 중에 '하나를 보면 열을 안다.'라는 문장이 있다. 근래 'Back to the Basic! 외쳐 오면서, 이 문장의 의미가 새록새록 더 강하게 와 닿곤 한다.

최근 얼마 기간 동안, 남한과 북한이 첨예하게 대립하여 전쟁 분위기까지 느껴지던 중, 우리 군의 전역 예비병들의 전역 연기 신청을 했다는 소식을 들었다. 우리 청년들의 Basic 부재를 걱정하고 있던 나는, 이 소식을 듣고 기쁨을 터뜨리지 않을 수 없었다. 예상하지 못했던 그들의 애국열정을 보았기 때문이다. 여전히 대한민국을 사랑하고, 젊음의 자존심을 가지고 있는 그들의 모습에서 우리나라의 희망을 보았다.

예상하지 못했던 그들의

애국열정을 보았기 때문이다.

이즈음에, 나는 SNS를 통해 아래와 같은 흥미로운 기사를 보게 되었다.
'SK그룹은 이번 남북 경색 정국에서 전역을 연기하겠다고 신청한 장병들을 신입사원 채용 시 우선적으로 뽑기로 했다고 밝혔습니다. SK 측은 최태원 회장이 전역 연기 장병에게 감동을 받아 우선 채용이 이뤄지게 됐다고 설명했습니다.'

멋진 내용 아닌가? '하나를 보면 열을 안다'라는 원리 안에서, 이 같은 애국열정을 가진 청년들은 향후 우리 대한민국을 짊어지고 갈 큰 인재가 될 수 있다고 확신할 수 있는 최태원 회장의 통찰력과 포석이 아름답다. 머릿속에 엄청난 양의 지식을 가지고 있으면 무엇 하나? 진정한 열정과 조국 사랑의 마음, 그리고, 내가 먼저 나 스스로를 상황 속으로 던져 넣는 저돌적 젊음… 이 같은 Basic의 소유 여부가 더 중요한 것 아닐까? 사회를 움직이는 진정한 리더들은 이러한 새싹들 안에서 나오게 되지 않을까?

젊은이들이 점점 더 이기적으로 키워질 수밖에 없는 사회 환경의 흐름 속에서, 이를 박차고 자신의 젊은 정의를 발산한 청년들과 이를 Basic으로 바라봐주는 사회의 모습에, 난 오늘 참으로 행복한 아침을 맞이한다.

감사합니다, 청년들이여~~
감사합니다, 대한민국 장병들이여~~

2015년 8월 26일
글벗나루30
우헌 김성천

[장년에게]

그대 세상과 싸우며
얻는 것이 적더라도
고개 숙이지 마라.

저녁이면 숨이 가빠도
힘들다 할 수 없는 어둠이 와도
그대 눈감지 마라.

알아주지 못하는 사람들과
얼굴을 마주하며 억지웃음을 짓더라도
그대 뜻은 굽히지 마라.

그대 뿌린 만큼 거두지 못하더라도
아파하지 마라.
거두지 못한 씨앗은 마음에 핀다.
그대의 마음 그리고 나의 마음.

2015. 4. 22

힘들어하는 친구에게

곽랑주

〈 별첨1 〉 언행일치…'최소한 말한 것을 지키려고 노력하자!'

영웅본색이라는 영화가 있다. 3명의 주인공이 이야기를 이끌어 간다. 암흑가의 보스였으나 이제는 그 일에서 떠나, 새로운 삶을 사는 '자호', 그리고 경찰인 자호의 동생 '아걸', 또 자호와 함께 암흑가에서 전성기를 보냈지만, 현재는 몰락하여 과거의 영광을 찾고자 하는 '소마'. 이 세 사람이 주인공이다. 극 중 '소마'를 연기하는 배우는 주윤발(저우 룬 파)이다. 그가 원수를 갚기 위해 수십 명의 적과 홀로 총격전을 벌이는 장면은 압권이다. 특히 성냥개비를 입에 물고 양손에 권총을 들고 총을 쏘는 모습은 참 멋스러웠다.

주윤발(저우 룬 파)의 전 재산은 56억 홍콩달러 한화로 대략 8,100억 원 정도라고 한다. 그는 2010년부터 "나는 아무것도 가지고 갈 생각이 없다. 세상을 떠난 뒤 99%를 기부할 것이다."라고 팬들에게 이야기했었다. 그런데 며칠 전 그는 공식적으로 전 재산을 기부하는 절차에 들어갔다고 한다. 한 달 용돈 12만 원이며, 전철 등 대중교통을 이용하는 그의 모습은 참 많은 깨달음을 준다. 마치 영웅본색의 주인공 '소마'처럼 멋지다. 말한 것을 지키고, 약속을 지키는 모습이기 때문이다.

일자리가 적다는 이야기는 사실이다. 일자리보다 지원자가 많으니까. 보통 경쟁률이 적은 곳은 5~6대 1에서 30~40대 1까지 엄청나게 높다고 한다. 그런데 그렇게 힘들게 취업에 성공하고도 입사한 지 3개월이 지나기 전에 사표를 내는 경우가 상당하다고 한다. 그것이 누구의 책임인지를 따지자는 것은 아니다. 그런데 면접을 진행하는 과정에서 어떤 이야기를 하는가를 '상상'해 보자.

"우리 회사를 지원하는 이유는 무엇입니까?"
"어떤 각오로 이 일을 하시겠습니까?

지원동기와 입사 후 포부이다. 이 질문이 없이 면접을 이루어질 수 없다. 그러므로 합격한 모든 사람은 최소한 '열심히 할 것이다.', '최선을 다할 것이다.' 등의 뜻을 말했을 것이다. 표현이 다를 수 있지만 말이다. 그러므로 3개월 즉 업무의 사이클을 완벽하게 한번 하지도 않고 사표를 내는 사람들은 이런 경우라고 생각할 수밖에 없다. '면접 때 했던 이야기'를 지키지 않은 것이다. 언행의 불일치이다.

이런 가정을 해보자. 전 재산 8,100억 원을 기부하겠다고 평소에 이야기하는 연예인이 있다. 당연히 좋은 평판을 들을 것이고, 그것을 바탕으로 광고, 영화 등 금전적인 이득을 얻었다. 그런데 사망 후 유서를 보니, 기부가 아니고 자식에게 물려줬다고 하자. 우리는 그를 어떻게 생각할 것인가? 실제 사례도 있다. 스티브 유라는 미국인은 한국에서 가수 활동을 할 때, '한국 남자라면 군대에 가야죠!'라고 입버릇처럼 이야기했다. 그리고 팬들은 그의 말에 환호했다. 그리고 입대신체검사를 받고서 그는 미국 국적을 택해버렸다. 그 이후 스티브 유는 십여 년이 넘게 입국금지가 내려져 있다. 몇 차례 입국금지를 풀어달라고 법에 호소했지만 받아들여지지 않았다. 언행의 불일치한 개인에게 우리는 가혹하다.

다시 면접 상황으로 돌아와 보자.

'저는 이 회사에 딱 맞는 인재입니다!'
'시켜만 주시면 열정을 다해 일하겠습니다!'
'회사를 위해 희생하는 직원이 되겠습니다!'
...

이런 이야기를 면접에 이야기했다면, 최소한 3개월 안에 사표를 내는 일은 없었으면 한다. 자신의 입으로 하는 이야기는 최소한 지켜야 하지 않을까? 지키려는 노력은 해야 하지 않을까? 이런 회사, 이런 업무인 줄 몰랐다는 항변을 할지 모른다. 그러나 그것도 자신에게 맞지 않은 회사를 선택하고 지원한 책임은 면할 수 없다. 무엇보다도 그 자리가 진짜 필요한 누군가를 다시 구직의 나락으로 떨어뜨린 책임은 결코 피할 수 없다.

우리 면접에서 말을 좀 가려서 하자. 무조건 붙고 보자고 거짓말을 하는 것은 옳지 않으니까. 그리고 무엇보다 말을 했으면 좀 지키자. 면접에서 했던 말, 그 마음가짐으로만 일한다면 얼마나 좋을까?

〈 별첨2 〉 기업에서 미움받는 직원과 사랑받는 직원 비교

미움받는 직원	사랑받는 직원
왜요?	네 알겠습니다.
그거 안 될 겁니다.	해보겠습니다!
제 일이 아닌데요.	함께 해보겠습니다.
들은 적이 없는 데요.	더 빨리 진행하겠습니다.
???	!!!
월급이 얼마죠?	일은 무엇인가요.

대개 기업에서 사랑받는 직원의 모습은 아주 비슷합니다. 딱 보면 알 수 있을 정도로 말입니다. 사랑받는 이유도 공통점이 확실합니다. 기업에서 원하는 것을 정확히 알고, 행동하기 때문입니다. **예를 들어 상사가 무언가를 치우고 있으면 팔 걷어붙이고 바로 함께 치우며 이렇게 말합니다. '제가 치우겠습니다.'라고요. 거의 예외 없습니다.** 상사의 간접화법을 알아듣는 직원들이 사랑받습니다. 그리고 이유와 핑계 이전에 '해보겠다!'라는 느낌표가 붙은 행동을 합니다. 그리고 월급을 위해서가 아니고 '일' 즉 '삶'을 바라보는 사람들입니다. 그 회사가 사회가 어디든 사랑을 받습니다. 당신도 사랑받는 사람이 되길 바랍니다.

〈 별첨3 〉 'Basic'에 대한 생각들

Back to the Basic-기본으로 돌아가자

차세대 - 우리 아이들을 위해 꼭 필요한 덕목이다

spec보다 중요한 것이 기본이다

   (기업에서 사회에서 필요한 인재는 기본이 된 인재이다)

인성도 '기본'에서 시작이다

이런 식으로 하면 망하는 상황인데도 안주한다. 기본이 안 된 것이다

해야 할 것을 안 하니까 문제가 생긴다

먼 곳에서 답을 찾으려 하니까 답을 못 찾는 것이다. 결론은 Basic

해결책은 Basic

누구나 다 아는 것에 Basic이 있다

의사소통의 Basic에서 답을 끌어낸다

우리가 사회에서 받은 것을 사회로 돌려준다

진정한 인재(리더)의 시대가 왔습니다.

세상이 어렵다는 뜻입니다.

대충 한 발만 들여놓고 답이 나올 수 없다는 뜻이기도 합니다.

진정한 인재(리더)가 되는 것이 어려운 것은 아닙니다.

'사람이 됐다.'
'기본이 됐다'라는 말을 들을 수 있으면

그 사람이 진정한 인재입니다.

추천의 글

항상 미래를 내다보고 준비하는 김성천 대표와 곽랑주 소장이 '기본으로 돌아가라'는 주제로 책을 썼다는 소식을 접했을 때 처음 느낌은 '낯설다.'라는 것이었다. 미래를 향해 앞만 보며 나아가기도 바쁜 터에 다시 기본으로 돌아가라니? 미래에 관한 연구를 그만둔 것인가?

왜 이 시기에 기본을 얘기할까?

그러나 원고의 목차를 펼친 순간부터 모든 의문은 자연스레 풀렸고, 원고를 끝까지 읽으면서 수차례 무릎을 치고 고개를 끄덕여야만 했다. 김성천 대표와 곽랑주 소장은 지금보다 더 높이 비상하고, 더 멀리 나아가기 위해 기본으로 돌아가라고 외치고 있다.

이 책의 내용은 우리가 몰라서 못하는 게 아니라, 안 해서 못하는 것에 관한 이야기이다. 이 책은 기본이라는을 통해 나를 돌아보게 하는 거울과 같은 책이며, 이 시대에 꼭 필요한 현대판 명심보감이라고 할 만하다.

원고를 읽은 후 '기본(基本)'이란 무엇일까를 다시 생각해 보았다.
하고 싶어도 하지 말아야 하기 때문에 하지 않는 것,
하고 싶지 않아도 해야만 하기 때문에 하는 것.
귀찮아도 누군가가 해야만 할 일을 기쁜 마음으로 하는 것.
내가 속한 공동체를 위해 나만의 욕망을 자제하는 것.
그런 것이 기본이다.

그러한 기본적인 행동의 기저에는 양심의 소리에 귀 기울이고 그에 따르려는 의지, 그리고 다른 이와 공동체에 대한 따뜻한 배려의 마음이 자리하고 있다. 기본을 갖춘다는 것은 자신을 먼저 닦음으로써, 나아가 가정을 올바로 하고, 나라를 다스리며, 천하를 평안케 하는 '수신제가치국평천하(修身濟家治國平天下)'의 또 다른 표현이다.

대부분의 사람은 높은 자리에 오르길 바란다. 그 직무를 행할 능력이 갖춰진 자, 즉 기본을 갖춘 자에게 높은 자리가 주어지는 것은 당연한 것이다. 그러나 기본이 다져지지 않은 상태에서 다가온 행운은 차라리 불행임을 알아야 한다.

기본을 갖추지 못한 욕망의 끝은 자신을 망치고 나라를 망치는 법이다. 우리는 그 예를 삼도수군통제사 원균의 예에서 찾아볼 수 있다. 원균은 능력에 비해 삼도수군통제사라는 감당치 못할 자리를 차지했고, 그 자리는 원균 개인의 목숨을 거두고, 조선수군의 궤멸을 가져왔으며, 크게는 조선이라는 나라에 절체절명의 위기를 가져왔던 것이다.

기본을 갖추는 것! 그것은 늦게 가는 것처럼 보이지만 오히려 빠르게 가는 비결이다.

이 책을 펼친 독자는 이 책의 마지막 페이지를 덮는 순간 그 비결의 의미를 알게 될 것이다.모쪼록 이 한 권의 책이 개인의 인생을 바꾸고, 조직의 문화를 바꾸고, 대한민국의 앞날을 바꾸는 밑거름이 되기를 기대해본다.

우석대학교 군사안보학과 교수 겸

충남대학교병원 비상계획관

泰亮 홍재원

추천의 글

바야흐로 나를 돌아보기 전에 남 탓만 하는 인성(Basic) 결핍의 시대다. 그러다 보니 책임 전가에 급급해서 나는 아니고 너만 잘못했다고 모든 걸 치부하는 세상이다.

"가정교육을 어떻게 했기에 애들이 저 모양이야……."

"요즘 애들 큰일이야. 세상이 어떻게 되려고 쯧쯧쯧"

우리도 모르게 내뱉는 이 말 속에는 자신은 책임을 지려는 생각이라곤 전혀 찾아볼 수 없다.

그런데, 40대 후반의 중년 남자 둘이 다음 세대에게 깊은 책임감을 느껴 이런 세상을 향해 목소리를 높이기 시작했다. "기본(인성)으로 돌아가자(Back to the Basic)"며 다음 세대들에게 사회적 책임을 다하기 위해 책을 펴냈다. 우리가 영화로는 봐왔지만 "Back to the Basic, 생소하지만 누구나 들었음 직한 제목의 다큐멘터리 한 편을 접하는 심정으로 책 한 권을 진지하게 넘겨봤다.

세계 여러 나라를 뛰어다니며 바쁜 비즈니스 와중에도 대한민국 청년 멘토로 명성을 쌓아가며 사회적 책임을 다하는 Smart CMS 김성천 대표와 생존과 열정을 부르짖으며 이 시대에 거침없이 쓴 소리를 퍼부어대는 열정감독이자 생존연구소 곽랑주 소장은 또 한 번 우리의 가슴을 시원하게 해주고 말았다.

중년의 두 사람이 마치 대화를 나누듯 풀어쓴 이 책은 누구나 다 알고 있는 기본(Basic)을 실천하지 못하고 있는 우리를 향해 〈미생〉이라는 드라마를 정말 멋지게 인용하여 마치 인생을 복기하듯이 재미있게 보여주었다. 특히 발전하고 함께하고 공감하며 하나를 더 생각하고 행동한다는 것은 이 시대에 꼭 필요한 기본 덕목이며 평소에 나도 강조하고 있는 키워드이기에 가슴에 확 와 닿았다.

얽히고 설킨 인연으로 Basic 연구회에 감사로 초대받았을 때 물리치지 못한 이유도 바로 여기에 있다. 사회적 소명(Calling)을 그저 탁상공론이 아닌 실전교습용 교본으로 알기 쉽게 풀었고, 일단 그 시작을 알리자는 "출간의 약속 지키기 Basic"을 기어코 실천하고자 이 책을 세상에 내보낸 두 사람의 용기에 깊은 애정과 응원의 박수를 보낸다.

이제 시작이다. 본격적으로 세상과 다음 세대를 향해 쏟아 놓을 그들의 Basic 강론이 기대된다. 물론 나도 두 사람과 함께

66

이 시대에 꼭 필요한 기본 덕목이며 평소에 나도 강조하고 있는 키워드이기에 가슴에 확 와 닿았다.

〈다음 세대에게 지금보다 더 나은 세상 물려주기〉 운동에 적극적으로 동참할 것을 약속하며, 많은 이들이 이 책을 통해 제대로 된 삶을 살 수 있기를 소망하며 그들이 부르짖고 이 시대가 부르짖어야 할 구호를 큰소리로 함께 외쳐보며 추천사에 가름한다.

99

"Back to the Basic Go to the Future"

(사)대우세계경영연구회 운영위원

㈜하늘자리 대표이사

無空 정옥래

기본에 충실하라는 말은 너무도 자주 사용되어 와서 이제는 식상하기까지 한 말이 되어버렸습니다. 기본이 되어 있다는 것은 어떤 자질을 보유하고 있다는 것인지 저마다 해석도 다양합니다. 어떤 이는 솔직함과 용기를, 어떤 이는 유연함을, 어떤 이는 예의 바름을 이야기하지요. 어떤 가치에 의미를 더 많이 부여하든 사람들이 언급하는 키워드는 모두 고개를 끄덕여 동의할 만한 단어들입니다. 그럼에도 불구하고 우리는 왜 기본이 바로 서지 못했다고 시대와 인재에 대해 안타까워하는 것일까요?

저는 그것을 항상성이라는 관점에서 바라봅니다.

누구나 조금씩은 솔직함과 용기와 예의 바름 등, 이른바 우리가 기본이 되어 있다고 이야기하는 자질들을 보유하고 있고 순간순간 드러내 보입니다. 하지만 일주일 중에 5일을 솔직했고 주말에는 거짓되어 있는 삶을 우리는 기본이 되어 있다고 말하지 않을 겁니다.

> **“**
>
> 기본은 ……
>
> **일관되게 유지하려는 노력**이 바탕에 깔려 있을 때 이루어지는 것이 아닌가
>
> **”**

직장에서는 예의 바르지만, 부모에게는 버르장머리 없는 인재를 기본이 되어 있는 인성을 갖추었다고 이야기하지 않을 겁니다. 상황에 따라 편의에 따라 이해득실에 따라 표리부동한 모습을 유연하다고 미화할 수 없는 것처럼 말이지요.

기본은 사회가 공유하는 선한 가치를 상황 논리나 횟수 논리와 관계없이 일관되게 유지하려는 노력이 바탕에 깔려 있을 때 이루어지는 것이 아닌가라는 짧은 생각을 해 봅니다.

그런 차원에서 산업현장과 교육현장에서 누구보다 기본에 충실해 왔던 두 분을 기억합니다.

인재를 선발하고 그들의 능력을 이끌어 내는 일부터, 업무의 모든 부분에서 솔선수범해 왔던 김성천 대표가 그 한 분이고, 십여 년에 가까운 시간 동안 단 한 번의 강의도 허투루 해 보지 않은 신독의 아이콘인 곽랑주 강사가 나머지 한 분입니다. 이런 분들이 '기본으로 돌아가자'고 외치며 글을 내어 저는 더욱 믿음이 가고 반가운 마음입니다.

아무쪼록 두 분의 저서가 나무의 밑동(本)을 튼튼히 바로 세우는 시작이 되기를 간절히 바라며 두 분의 남다른 애정에 박수를 보냅니다.

㈜월슨어스 대표컨설턴트

윤헌관

추천의 글

"

1919년 3·1운동은 일제의 식민지배에 맞서 우리나라 국민들이 전국적인 항일 운동을 벌인 역사적 사건으로, 학생·농부·노동자·교원·상인 등 각계각층의 수많은 사람들이 조국의 독립을 꿈꾸며 동참했습니다.

2015년 3월 1일!
전국 ROTC 30기 동기들에게 태극기 게양을 제안합니다.

전국의 ROTC 30기들이 자녀들과 함께 태극기를 게양해 주십시오! 강원, 경기, 경상, 광주, 대구, 대전, 부산, 서울, 인천, 전라, 전주, 제주, 춘천, 충청 등 전국과 해외에서 자랑스러운 태극기가 휘날리는 모습을 만들어 봅시다.

"

2015년 2월 28일 오후에 30기 총동기회 밴드에 올린 글입니다. 그리고 시간은 4년여를 쏜살같이 지나가고 있습니다. 지난 인생을 돌아볼 때, 절반쯤은 성공과 성취 그리고 '명예'를 위해 달려온 것 같습니다. 또 나머지 절반은 '자식'들에 대한 생각과 고민이 아니었나 생각합니다. 그리고 아쉬움은 있을지 몰라도, 그 의무를 회피하거나 도망가지는 않았다고 자부합니다. 당연히 모든 동기들도 마찬가지일 것이라 저는 굳게 믿습니다.

이제 인생의 전반기를 마무리하고, 후반기를 준비하고 있습니다. 그것이 마음에 들든 아니든, 그것이 작든 크든, 우리가 지금까지 이루고 만들어왔던 것을 자식들에게 조카들에게 후손들에게 전해주는 것은 '의무'라고 믿습니다. 그래서 우리는 언젠가는 해야 할 그 '기본'을 이야기해야 할 것입니다. 생각이 달라도 하나로 뭉치는 것, 동기의 기본이라고 주장합니다. 쉽다면 쉽지만, 힘든 일입니다.

그러던 중 두 동기가 고맙게도 '기본'에 대한 책을 내주었습니다. 이 책을 읽어보며, 다양한 이야기들이 떠오르고 가라앉았습니다. 그러다 마지막에 떠오른 한 단어는 '책임'입니다. 나에 대한 '책임', 가족에 대한 '책임' 그리고 사회에 대한 '책임'이었습니다. 후손에게 물려줄 이 나라, 이 땅을 위해 우리가 싫더라도 '외쳐야 한다'고 주장하는 책이 '기본으로'입니다.

1919년 3·1운동은 독립을 꿈꾸는 사람들이 했던, '기본'적인 행동이었습니다. 그 행동은 처음엔 실패인 듯 보였지만 결국 성공을 거두었습니다. '기본'이 된 행동은 처음엔 눈여겨 보이지도 않고, 큰 결과를 가져올 것 같지도 않습니다. 그렇지만 보이지 않는 이러한 행동들은 결국 큰 결과를 만들어 낸다는 것을 우리는 선조들에게 배웠습니다. 그렇다면 이제 후손들에게 후배들에게 그리고 후학들에게 전해주어야 할 때가 아닐까요?

앞장서 준 두 동기에게 감사를 표하며,

2019.01.01

대한민국 ROTC 30기 7대, 8대 총동기회장

은태기 배상

참고문헌

신뢰의 속도

스티븐 M. R. 코비 저/정병창, 김경섭 역 | 김영사 | 2009년 08월 19일 |

원제 : The Speed of Trust

깨진 유리창 법칙 사소하지만 치명적인 비즈니스의 허점

김민주 역 | 흐름출판 | 2006년 04월 10일 |

원제 : Broken Windows, Broken Business

미래 조직 4.0 4차 산업혁명 시대 기업과 리더의 성공 바이블

김성남 저 | 더퀘스트 | 2018년 05월 01일

김택진.(2015) 학습민첩성이 조직변화몰입에 미치는 영향과 직무자율성의 조절효과.

석사학위 논문. 중앙대학교. 27-53

Eichinger, R. W., Lombardo, M. M., & Capretta, C. C. (2010).

FYI for learning agility. Minneapolis, MN: Korn/Ferry International.

완벽의 추구. 하버드대 최고의 행복 강의

탈 벤-샤하르 저/노혜숙 역 | 위즈덤하우스 | 2010년 09월 27일 |

원제 : The Pursuit of Perfect

어떻게 원하는 것을 얻는가

저자 스튜어트 다이아몬드|역자 김태훈|8.0 |2011.11.30

원제 Getting more

Stick 스틱!

칩 히스, 댄 히스 저/박슬라, 안진환 역 | 웅진윙스 | 2007년 06월 25일 |

원제 : Made to Stick

세상은 문밖에 있다 인생의 답을 발견하는 REAL 여행

이장우, 이지용 공저 | 올림 | 2015년 09월 25일

하버드 첫 강의 시간관리 수업

쉬셴장 저/하정희 역 | 리드리드출판 | 2018년 04월 03일

시작을 시작하라 (START)

곽랑주, 김성천 저 | 항공신문 | 2018년 05월 14일

성공을 부르는 비즈니스 풍수

리노이에 유치쿠 저 / 박경선 역 | 열매출판사 | 2004년 04월 24일

어린 왕자

생 텍쥐페리 저/황현산 역 | 열린책들 | 2015년 10월

백만불짜리 습관 브라이언(Million Dollar Habits)

브라이언 트레이시 저 | 용오름 | 2005년 01월 22일 |

내 꿈을 실현시키는 액션 플랜

히로카와 쿠니노부 저 | 홍 | 2004년 04월 12일

참고영상

역린 (The Fatal Encounter, 2014)

드라마 2014.04.30 개봉 |15세 관람가

감독 이재규 | 관객수 3,849,696명

미생

드라마 |15세이상 관람가

tvN 2014.10.17. ~ 2014.12.20.방영종료 20부작

연출 김원석|극본 정윤정

신데렐라 맨(Cinderella Man, 2005)

드라마, 멜로/로맨스 | 미국 | 2005.09.15 개봉

감독: 론 하워드

모던 타임즈(Modern Times, 1936)

코미디 | 미국 | 2015.03.19 재개봉, 1993.08.14 재개봉, 1989.12.09

감독: 찰리 채플린

인 디 에어(Up In The Air, 2009)

코미디, 드라마, 멜로/로맨스 | 미국 | 2010.03.11 개봉

감독: 제이슨 라이트먼

엑스 마키나(Ex Machina, 2015)

드라마, SF, 스릴러 | 미국 , 영국 | 2015.01.21 개봉

감독: 알렉스 가랜드

인턴(The Intern, 2015)

코미디 | 미국 | 2015 .09.24 개봉

감독: 낸시 마이어스

갈리폴리(Gallipoli, 1981)

전쟁, 드라마| 오스트레일리아

감독: 피터 위어

색인

ㄱ **가정** 96, 133, 137, 138. 139, 154, 182, 191, 193

강도 166

거리 102

거짓말 104, 136, 183

공장 44, 50, 52, 53, 80

교육 133, 192, 195

규칙 30, 31, 38, 39, 56, 87, 109, 115

기본 4, 9, 14, 19, 20, 21, 22, 23, 24, 25, 31, 32, 33, 34, 35, 38, 41, 49, 52, 61, 73, 75, 79, 82, 87, 94, 97, 109, 110, 111, 112, 114, 115 (137회)

기획 95

계획 65, 67, 87, 95, 150, 157, 160, 170, 191

ㄴ **나이** 41, 64, 166, 170, 171

내용 60, 84, 94, 119, 123, 126, 127, 128, 157, 177, 190

노력 64, 65, 67, 77, 119, 120, 157, 180, 183, 195

ㄷ **다른** 4, 22, 23, 44, 49, 52, 69, 81, 82, 90, 94, 96, 104, 109, 117, 119, 121, 122, 126, 127, 132, 133, 138, 153, 160, 162, 171, 191

당신 11, 24, 26, 32, 34, 35, 37, 39, 41, 49, 58, 60, 61, 62, 63, 73, 79, 81, 82, 96, 100, 101, 111, 113, 121, 128, 129, 138, 149, 151, 158, 159, 185

대기업 41, 64, 128

대략 89, 180

대한민족 141, 142, 161, 208

대화 6, 21, 119

댓글 85

도움 62, 96, 135, 157, 171

동기 181

ㅁ **매뉴얼** 31, 33, 58, 60, 61, 63, 132

무역 64, 135

문화 33, 191

미안 138

미약 65, 67

ㅂ **보고** 51, 52, 95, 153, 154, 155, 156

보람 139

방법 21, 24, 25, 33, 45, 46, 62, 63, 67, 73, 75, 77, 109, 115, 121, 122, 131, 135, 141, 149, 162, 163, 166, 167, 168

비난 62, 126

비판 120, 121

ㅅ **사실** 54, 60, 63, 67, 82, 95, 96, 114, 121, 128, 139, 169, 181

사치 166

상대방 73, 77, 82, 87, 100, 101, 104, 105, 109, 111, 112, 114, 120, 125, 128, 131, 139, 140, 155

수영 166, 167, 168, 169, 170, 171, 172, 173

시작 41, 43, 44, 45, 46, 53, 64, 75, 87, 88, 90, 92, 93, 119, 134, 138, 153, 158, 160, 161, 162, 163, 169, 171, 173, 193, 195, 197

선진국 114

신하 4, 6, 8, 10

실시 89, 157

ㅇ **아르바이트** 120

욕심 137, 166, 169, 170

운동 166, 167, 168, 169, 170, 171, 193

이유 23, 26, 49, 53, 62, 75, 113, 114, 126, 132, 137, 166, 181, 185, 193

인재 33, 34, 43, 44, 45, 46, 47, 81, 161, 177, 182, 186, 187, 194, 195

임금 4, 6, 10

ㅈ **자제** 166, 190

　　장점 49, 92, 119,

　　조건 21, 48, 139

　　조심 49, 117, 126, 128, 140

ㅊ **추천** 33, 52, 122, 155

ㅌ **타인** 108, 109, 119, 130, 131, 133, 140,

ㅍ **프로파일링** 77

ㅎ **확신** 177

확률 64, 67, 172

기본으로
(Back To The Basic!)

발행일 | 2019.01.15
지은이 | 김성천, 곽랑주
발행처 | 항공신문
대　표 | 조재은

출판등록 | 제 2018-000054 호 (2018년 05월 10일)
주　　소 | 서울시 강서구 방화대로270 태양빌딩 2층
대표전화 | 02-6080-1110
홈페이지 | www.smartcms.co.kr

강연문의 | joseph@smartcms.co.kr / 010-3358-7387
　　　　　　 writerkwack@naver.com / 010-7704-1905

Back to the Basic,
Go to the Future!

편집에 도움을 주신 분들: 유준상, 임축복, 김지은(A),
김지은(B), 정형석, 임수현

완성이 아니라 시작이기를

말이 아니라 행동하기를

그리고

외로운 대한민족이 없는 그 날까지

　모두 고맙습니다.

기본으로 = Back to the basic : 첫 번째 이야기 : 일터에서
: 청춘에게 드리는 몇 마디… / 지은이: 김성천, 곽량주. -
- 개정증보판. -- 서울 : 항공신문 : 더 本 basic forum, 2019

"기본으로"(퍼플, 2016)의 개정증보판임
ISBN 979-11-963880-2-7 13300 : ₩14900

인간 관계[人間關係]
직장 생활[職場生活]
조직 문화[組織文化]

325.3-KDC6
650.13-DDC23   CIP2018043043